もくじ

光村図書版　国語２年

JN085420

テストの範囲や学習予定日をかこう！

学習計画	
出題範囲	学習予定日
5/14 テストの日	5/10
	5/11

見えないだけ

主題

◇今はまだ見えず気づいていなくても、自分との出会いを待っている世界や人がある。やがて出会える明るい未来に期待して、今を前向きに生きていってほしい。

テストに出る!
ココが要点

詩の形式
●口語自由詩…現代の言葉で、各行の音数に決まりのない詩。

表現技法
●対句…言葉を形や意味が対応するように並べる方法。

例 胸の奥で／ことばがはぐくんでいる優《やさ》しい世界
次の垣根《かきね》で／蕾《つぼみ》をさし出している美しい季節

●擬人法…人間でないものを人間にたとえて表す方法。

例 蕾をさし出している美しい季節

●体言止め…文末を体言(名詞)で結ぶ方法。

例 ことばがはぐくんでいる優しい世界

テストに出る!
予想問題

解答 p.1　30分　100点

次の詩を読んで、問題に答えなさい。

見えないだけ　　牟《む》礼《れ》慶子《けいこ》

空の上には
もっと青い空が浮かんでいる
波の底には
もっと大きな海が眠《ねむ》っている

4 詩の1~4行目で表現されていることを次から一つ選び、記号で答えなさい。〔10点〕

ア つきつめて考えれば、世界の秘密を科学的に解明できること。
イ 想像を自由に広げることで、いつでも楽しい気分になれること。
ウ 今、目に見えているものより、はるかに大きな世界があること。
エ 世界の真実を何も知ろうとしない人間はおろかだということ。

5 詩の5~10行目の中から、心の中の働きを描いている一続きの二行を抜き出し、行の番号で答えなさい。完答〔10点〕

6 詩の7・8行目について、「蕾をさし出している」のは誰(何)ですか。詩の中から抜き出しなさい。〔5点〕

7 詩の10行目について答えなさい。

(1) この行で用いられている表現技法を次から一つ選び、記号で答えなさい。〔5点〕

ア 擬人法　**イ** 体言止め
ウ 直喩　**エ** 反復

(2) (1)と同じ表現技法が用いられている行の番号を、全て書きなさい。完答〔10点〕

漢字を読もう!　①季節　②浮かぶ　③奥
←答えは左ページ

胸の奥で
ことばがはぐくんでいる優《やさ》しい世界
次の垣根《かきね》で
蕾《つぼみ》をさし出している美しい季節
少し遠くで
①待ちかねている新しい友だち

あんなに②確かに在るものが
まだここからは見えないだけ

＊1～12は、行の番号です。

1 この詩の形式を、漢字五字で書きなさい。〔5点〕

□□□□□

2 この詩は、何連からできていますか。〔5点〕

□連

3 よく出る 詩の1～4行目の表現について述べた次の文の□に当てはまる言葉を書きなさい。5点×2〔10点〕

1・2行目と3・4行目には、言葉を形や意味が対応するように並べるⓐ□□が用いられている。また、「海が眠っている」の部分には比喩の一種であるⓑ□□□が用いられている。

(3) やや難 ——線①「待ちかねている」から、「新しい友だち」がどのような気持ちでいることがわかりますか。□に当てはまる言葉を、考えて書きなさい。〔10点〕

未来の友達に、□という気持ち。

8 よく出る ——線②「確かに在るもの」とは、何のことですか。文章中から五つ、それぞれ五字以上七字以内で抜き出しなさい。4点×5〔20点〕

□□□□□□□
□□□□□□□
□□□□□□□
□□□□□□□
□□□□□□□

9 よく出る この詩に込められた作者の思いを次から一つ選び、記号で答えなさい。〔10点〕

ア ことばや気持ちなど、目に見えるものではないものこそ、その存在を意識するようにしてほしい。
イ 自分からは見えなくても、相手からは見えている世界があるので、いろいろな立場から物事を見てほしい。
ウ 自分には見えないものを確かな存在にするために、一つ一つ存在を確かめていってほしい。
エ 今はまだ見えないが、未来には新しい発見や出会いに満ちた世界が待っていることを知ってほしい。

□

漢字で書こう！ ①きせつ ②う（かぶ） ③おく
答えは右ページ➡

アイスプラネット

主題

◆「僕」は、ぐうちゃんの「ほら話」が大好きだった。突然旅立ってしまったぐうちゃんからの手紙と写真は、世界を自分の目で確かめることの大切さを「僕」に伝えた。

5分間攻略ブック p.2

テストに出る！

ココが要点

「僕」・父・母のぐうちゃんへの思い（教 p.19〜p.20）▶例題・予想問題

● 父…ぐうちゃんを、なんだか羨ましいと感じている。
● 母…ぐうちゃんの「僕」への悪い影響を心配している。
● 「僕」…「僕」のことでぐうちゃんが責められるのは、違う気がする。
→元のように話がしたい。突然旅立つことを受け入れられない。

ぐうちゃんが「僕」に伝えたこと（教 p.20〜p.22）▶予想問題

● ぐうちゃんの話はおもしろいが、ほら話だと思った。
● ぐうちゃんから手紙と二枚の写真が届く。話はほらではなかった。
→いっぱいの「不思議アタマ」になって世界に出かけて、世界のすばらしさを自分の目で確かめてほしいと書かれていた。

例題　「僕」・父・母のぐうちゃんへの思い

　夏休みも終わり近く、いつものように週末に帰ってきた父と母が話しているのが、風呂《ふろ》場にいる僕の耳にも入ってきた。

「僕たちは、都市のビルの中にいるからなかなか気がつかないけど、由起夫《ゆきお》君は若い頃に世界のあちこちへ行っていたから、日本の中にいたら気がつかないことがいっぱい見えているんだろうね。なんだか羨ましいような気がするな。」

　母は、珍しくビールでも飲んだらしく、いつもよりもっと強烈に雄弁になっている。

「あなたは何をのんきなことを言っているの。由起夫が、いつまでもああやって気ままな暮らしをしているのを見ていると、悠太《ゆうた》に悪い影響が出ないか心配でしかたが

1 「僕」の父と母は、ぐうちゃんについてどのような気持ちを抱いていますか。

父…ぐうちゃんが ⓐ［　　　　］ような気持ち。

母…ぐうちゃんが「僕」に悪い影響を与えることを ⓑ［　　］する気持ち。

2 よく出る ——線①を見たとき、「僕」はどのような気持ちでしたか。二つ選びなさい。

ア ぐうちゃんにすまないと思う気持ち。
イ ぐうちゃんに怒りを覚える気持ち。

答えと解説

1 ⓐ羨ましい　ⓑ心配

父が、ぐうちゃんを「**なんだか羨ましい**」と好意的に捉える一方で、母は、自分の弟であるぐうちゃんのことを、息子《むすこ》である悠太（「僕」）に「悪い影響が出ないか**心配でしかたがない**」と言っている。

2 ア・ウ

父と母の会話を聞いた「僕」の気持ちを読み取る。
・「僕のことでぐうちゃんが責められるのは**少し違う気がする**」

漢字を読もう！　①怪しい　②唯一　③慌てる
←答えは左ページ

ないのよ。例えば極端な話、大人になっても毎日働かなくてもいいんだ、なんて思って勉強の意欲をなくしていったとしたら、どう責任取ってくれるのかしら。」

　父が何かを答えているようだったが、はっきりとは聞こえなかった。ただ、僕のことでぐうちゃんが責められるのは少し違う気がする。そう思うと、①**電気の消えたぐうちゃんの部屋**が急に寂しく感じられてきた。

　それから、②**ぐうちゃんがまた僕の家に帰ってきた**のは、九月の新学期が始まってしばらくした頃だった。顔と手足が真っ黒になっていて、パンツ一つになると、どうしても笑いたくなって困った。

　残暑が厳しい日だった。久しぶりにぐうちゃんのほら話を聞きたいと思った。またからかわれてもいい。暑いから、今度は寒い国の話が聞きたい感じだ。

　ところが、③**ぐうちゃんの話**は、でっかい動物のでも、暑い国のでも、寒い国の話でもなかった。

「旅費がたまったから、これからまた外国をふらふらしてくるよ。」
　④**ぐうちゃんは突然そう言った**。「でもまあもう少し。」にはこんな意味があったのか。ぐうちゃんはいつもと変わらずに話を続けている。それなのに、⑤**ぐうちゃんの声はどんどん遠くなっていく**。
〔椎名《しいな》　誠《まこと》「アイスプラネット」による〕

ウ　ぐうちゃんがいなくて寂しい気持ち。
エ　ぐうちゃんの生き方をほめる気持ち。
（　　　）（　　　）

3　――線②の日、「僕」はぐうちゃんに対してどのように思っていましたか。（　）に当てはまる言葉を抜き出しなさい。
（　　　　　　）かまわないから、久しぶりにぐうちゃんの（　　　　　）を聞きたい。

4　――線③とは、どのような話でしたか。
これから［　　］に行くという話。

5　――線④のとき、ぐうちゃんはどのような様子でしたか。選びなさい。
ア　普段と変わらない気軽な様子。
イ　いつもよりもおどけた様子。
ウ　珍しく緊張した様子。
（　　　）

6　よく出る　――線⑤から、「僕」のどのような様子がわかりますか。選びなさい。
ア　話の内容が理解できないでいる様子。
イ　ショックで話を聞けていない様子。
ウ　話に失望してその場から離れる様子。
（　　　）

→ぐうちゃんにすまない。
・「ぐうちゃんの部屋が急に**寂しく感じられてきた**」

3　（また）からかわれても・ほら話
「僕」は、ぐうちゃんと距離を置いた。けれど、からかわれたと思ったことで、**からかわれてもいいと思えるほど、ぐうちゃんとの関係を元どおりにしたかった**のだ。

4　外国
「外国をふらふらしてくる」とは、外国を旅してくるという意味。

5　ア
「ぐうちゃんは**いつもと変わらずに話を続けている**。」とある。ぐうちゃんが、重要そうにではなく、いつもと同じ調子で外国に行く話をしたのだとわかる。

6　イ
ぐうちゃんがいなくなってしまうと知った「僕」は、**驚いて、そのことだけで頭がいっぱいになっている**。

漢字で書こう！　①あや（しい）　②ゆいいつ　③あわ（てる）
答えは右ページ➡

テストに出る！

予想問題

次の文章を読んで、問題に答えなさい。

解答 p.1　30分　/100点

ところが、ぐうちゃんの話は、でっかい動物のでも、暑い国のでも、寒い国の話でもなかった。

「旅費がたまったから、これからまた外国をふらふらしてくるよ。」

ぐうちゃんは突然そう言った。「でもまあもう少し。」にはこんな意味があったのか。ぐうちゃんはいつもと変わらずに話を続けている。それなのに、ぐうちゃんの声はどんどん遠くなっていく。気がつくと、僕はぶっきらぼうに言っていた。

①「勝手に行けばいいじゃないか。」

ぐうちゃんは、そのとき②ちょっと驚いた表情をした。何かを話しかけようとするぐうちゃんを残して僕は部屋を出た。

それ以来、僕は二度とぐうちゃんの部屋には行かなかった。母は、そんな僕たちに、あきれたり慌てたりしていたけれど、父は何も言わなかった。

十月の初めに、ぐうちゃんは小さな旅支度をして③「いそうろう」を卒業してしまった。

出発の日、僕は、何て言っていいのかわからないまま ぐうちゃんの前に立っていた。ぐうちゃんは僕に近づき、あの表情で笑った。そして、何も言わずに僕の手を握りしめ、力の籠もった強い握手をして、大股で僕の家を出ていった。

④「ほらばっかりだったじゃないか。」

1 ——線①「勝手に行けばいいじゃないか。」と言ったとき、「僕」はどのような気持ちでしたか。次から一つ選び、記号で答えなさい。〔10点〕

ア 気ままに旅に出ることができるぐうちゃんを妬んでいる。
イ 突然いなくなるぐうちゃんに、裏切られたように感じている。
ウ ぐうちゃんの話を聞かなくてよくなると、せいせいしている。
エ うそをついていたぐうちゃんに、いらだちを覚えている。

□

2 ——線②「ちょっと驚いた表情をした」のは、なぜですか。□に当てはまる言葉を、文章中から抜き出しなさい。〔10点〕

「僕」の□な反応が意外だったから。

3 ——線③「『いそうろう』を卒業してしまった」とほぼ同じ意味を表している部分を、文章中から九字で抜き出しなさい。〔10点〕

□□□□□□□□□

4 よく出る ——線④「ほらばっかりだったじゃないか。」とありますが、このとき、「僕」はどのような気持ちでしたか。次から一つ選び、記号で答えなさい。〔15点〕

ア 別れは寂しいけれど、明るく見送ってあげよう。
イ どうせ、外国に行くということもほら話なのだろう。
ウ 勝手に外国に行ってしまうのはずるいし、寂しい。
エ 外国から帰ったら、また話を聞かせてほしい。

□

漢字を読もう！　①郊外　②雄弁　③歓迎
←答えは左ページ

「いそうろう」がいなくなってしまった部屋の前で、僕はそう思った。

ぐうちゃんから外国のちょっとしゃれた封筒で僕に手紙が届いたのは、それから四か月ぐらいたってからだった。珍しい切手がいっぱい貼ってあった。

「あのときの話の続きだ。以前若い頃に、北極まで行ってイヌイットと暮らしていたことがあるんだ。そのとき、アイスプラネットを見に行こう、と友達になったイヌイットに言われてカヌーで北極海に出た。⑤アイスプラネット。わかるだろう。氷の惑星だ。それが北極海に本当に浮かんでいたんだ。きれいだったよ。厳しい自然に生きている人だけが目にできる、もう一つの宇宙なんだな、と思ったよ。地上十階建てのビルぐらいの高さなんだ。そして、海の中の氷は、もっともっとでっかい。悠《ゆう》君にもいつか見てほしい。若いうちに勉強をたくさんして、いっぱい本を読んで、⑥いっぱいの『不思議アタマ』になって世界に出かけていくとおもしろいぞ。世界は、楽しいこと、悲しいこと、美しいことで満ち満ちている。誰もが一生懸命生きている。それこそありえないほどだ。それを自分の目で確かめてほしいんだ。」

手紙には、ぐうちゃんの力強い文字がぎっしり詰まっていた。

そして、封筒からは⑦写真が二枚出てきた。一枚は人間の倍ぐらいあるでっかいナマズの写真。もう一枚は、北極の海に浮かぶ、見た者を幸せにするという氷の惑星《アイスプラネット》の写真だった。

〔椎名《しいな》誠《まこと》「アイスプラネット」による〕

5 ——線⑤「アイスプラネット」を初めて見たぐうちゃんは、それをどのような存在だと思いましたか。文章中から七字で抜き出しなさい。〔10点〕

□□□□□□□

6 やや難 ——線⑥「いっぱいの『不思議アタマ』」とは、どのような状態ですか。「世界」という言葉を使い、「不思議」という言葉を使わずに書きなさい。〔15点〕

□

7 よく出る ぐうちゃんは、手紙で「僕」にどのようなことを伝えたかったのですか。□に当てはまる言葉を、文章中から抜き出しなさい。5点×3〔15点〕

世界が楽しいこと、悲しいこと、ⓐ□で満ちていることや、誰もが一生懸命ⓑ□ことを、ⓒ□で確かめてほしいということ。

8 ——線⑦「写真が二枚」とありますが、二枚の写真が「僕」に伝えていることを次から一つ選び、記号で答えなさい。〔15点〕

ア ぐうちゃんの今回の外国の旅が、予定どおりに進んでいること。
イ 世界のすばらしさは、写真があってこそ理解できるということ。
ウ 広い世界には、想像もつかないものがたくさんあるということ。
エ ぐうちゃんが旅先で珍しい写真をたくさん手に入れたということ。

□

漢字で書こう！ ①こうがい ②ゆうべん ③かんげい
答えは右ページ➡

枕草子《まくらのそうし》
漢字1 熟語の構成

テストに出る！ ココが要点

歴史的仮名遣いの直し方

●語頭以外のハ行→わ・い・う・え・お　●ぢ・づ→じ・ず
●ゐ・ゑ・を→い・え・お　●くわ・ぐわ→か・が　●む→ん
●（母音の）au・iu・eu→ô・yû・yô　例ちかう kau→ちこう kô

作品

●成立…平安時代（紫式部《むらさきしきぶ》の「源氏物語《げんじ》」と同じ頃に成立。）
●作者…清少納言《せいしょうなごん》（一条《いちじょう》天皇の中宮定子《ちゅうぐうていし》に教育係として仕えた。）
●特徴…随筆。知的で明るい「をかし」の文学といわれる。

主題

◇「枕草子」は、作者の宮仕えの中での見聞や季節の感想、人生観などを書き記した随筆。「第一段」では、四季ごとの趣深い時間帯とその根拠となるものをつづっている。

5分間攻略ブック p.2／p.16

例題 春はあけぼの・うつくしきもの

◇春はあけぼの◇

春はあけぼの。①**やうやう**白くなりゆく②**山ぎは**、すこしあかりて、紫だちたる雲のほそくたなびきたる。

夏は夜。月のころはさらなり、闇もⓐ**なほ**、蛍の多く飛びちがひたる。また、ただ一つ二つなど、ほのかにうち光りて行くも③**をかし**。雨など降るもをかし。

秋は夕暮れ。夕日のさして④**山の端《は》**いと近《ちか》うなりたるに、烏《からす》の寝どころへ行くとて、三《み》つ四《よ》つ、二つ三つなど、飛びいそぐさへあはれなり。まいて雁《かり》などのつらねたるが、いと小さく見ゆるはいとをかし。日入り果てて、風の音、虫の音《ね》など、はたⓑ**言ふべき**にあらず。

冬はつとめて。雪の降りたるは言ふべきにもあらず、霜のいと白きも、またさらでもいと寒きに、火などいそぎおこして、炭もて渡るもいとつきづきし。昼にな

1 よく出る　～線ⓐ・ⓑを現代仮名遣いに直し、全て平仮名で書きなさい。

ⓐ（　　　）　ⓑ（　　　）

2 ――線①・③の意味を選びなさい。

① ア だんだんと　イ すっかり　ウ 一気に　（　　）
③ ア 変だ　イ 愉快だ　ウ 趣がある　（　　）

3 よく出る　――線②・④は、どこのことですか。選びなさい。

ア 山の下の辺り。
イ 山の、空に接する部分。
ウ 空の、山に接するように見える辺り。

答えと解説

1 ⓐなお　ⓑいうべき
語頭以外のハ行を「**ほ**」→「**お**」、「**ふ**」→「**う**」と直す。助詞の「は・へ」の場合は、そのまま「は・へ」。

2 ①ア　③ウ
①「やうやう」の現代仮名遣いは、「ようよう」。**「ようやく」と同じ意味**。③「をかし」は、現代語の「おかしい」とは**意味が異なる**。

3 ②ウ　④イ
「山ぎは」は**山に接している「空」**、「山の端」は**空に接している「山」**を表す。アは「ふもと」の意味に当たる。

漢字を読もう！　①傾ける　②慶弔　③喜怒哀楽
←答えは左ページ

りて、ぬるくゆるびもていけば、火桶《ひをけ》の火も白き灰がちになりてわろし。

（第一段）

［「枕草子《まくらのそうし》」による］

◈うつくしきもの◈

⑤**うつくしきもの**　瓜《うり》にかきたるちごの顔。雀《すずめ》の子の、⑥**ねず鳴きするに**⑦**をどり来る**。⑧**二つ三つばかりなるちご**の、いそぎて這《は》ひ来る道に、いと小さき塵《ちり》のありけるを、目ざとに見つけて、いとをかしげなる指《および》にとらへて、大人ごとに見せたる、いとうつくし。頭《かしら》はあまそぎなるちごの、目に髪のおほへるを、かきはやらで、うちかたぶきて物など見たるも、うつくし。

（第百四十五段）

［「枕草子」による］

4 春と冬の趣深い時間帯を、いつだと述べていますか。時間帯を表す言葉を抜き出し、その意味を後から選びなさい。

②（　　　）④（　　　）

春…（　　　）・（　　　）

冬…（　　　）・（　　　）

ア 深夜　**イ** 早朝　**ウ** 明け方

5 ――線⑤について答えなさい。

(1) ――線⑤の意味を選びなさい。

ア 美しいもの　**イ** すばらしいもの

ウ かわいらしいもの　（　　）

(2) ――線⑤の例を、幾つ挙げていますか。漢数字で書きなさい。

□つ

6 ――線⑥・⑦の主語を選びなさい。

ア 人　**イ** ちご　**ウ** 雀の子

⑥（　　）⑦（　　）

7 ――線⑧のどのような様子を、「うつくし」と感じていますか。

小さな（　　　）があったのを目ざとく見つけ、愛らしい（　　　）でつかんで、大人たち一人一人に見せる様子。

4 春…あけぼの・ウ

冬…つとめて・イ

各まとまりの初めで、それぞれの季節の趣深い時間帯を挙げている。「あけぼの」は「**夜がほのぼのと明け始める頃**」、「つとめて」は「**早朝**」のこと。

5 (1)ウ　(2)四

(1)「うつくし」は、現代語の「美しい」とは**意味が異なる**。

(2)「瓜にかきたるちごの顔」、「雀の子」の様子、「二つ三つばかりなるちご」の様子、「頭はあまそぎなるちご」の様子の四つ。

6 ⑥ア　⑦ウ

「（**人が**）ねずみの鳴きまねをして呼ぶと、**雀の子が**踊るようにしてやってくる」という意味。

7 塵・指

「**いそぎて這ひ来る道に、**……**大人ごとに見せたる**」の部分が「うつくし」の内容に当たる。繰り返し出てくる「**いと**」は、「**とても**」という意味。

漢字で書こう！　①かたむ（ける）　②けいちょう　③きどあいらく

答えは右ページ➡

テストに出る！
予想問題

解答 p.2　30分　100点

1 次の文章を読んで、問題に答えなさい。

春はあけぼの。①やうやう白くなりゆく山ぎは、すこしあかりて、紫だちたる雲のほそくⓐたなびきたる。

夏は夜。月のころは②さらなり、③闇もなほ、蛍の多くⓑ飛びちがひたる。また、ただ一つ二つなど、ほのかにうち光りて行くもをかし。雨など降るもをかし。

秋は夕暮れ。夕日のさして山の端《は》いと近《ちか》うなりたるに、烏《からす》の寝どころへ行くとて、三《み》つ四《よ》つ、二つ三つなど、④飛びいそぐさへあはれなり。まいて雁《かり》などのつらねたるが、いと⑤小さく見ゆるはいとをかし。日入り果てて、風の音、虫の音《ね》など、はた言ふべきにあらず。

冬はつとめて。雪の降りたるは言ふべきにもあらず、霜のいと白きも、またさらでもいと寒きに、火などいそぎおこして、炭もて渡るも⑥いとつきづきし。昼になりて、ぬるくゆるびもていけば、火桶《ひをけ》の火も白き灰がちになりて⑦わろし。

（第一段）
〔「枕草子《まくらのそうし》」による〕

1 〰〰線ⓐ・ⓑの後には同じ言葉を補うことができます。その言葉を文章中から三字で抜き出しなさい。〔5点〕

2 次の文章を読んで、問題に答えなさい。

うつくしきもの　瓜《うり》にかきたるちごの顔。雀《すずめ》の子のねず鳴きするにをどり来る。二つ三つばかりなるちごの、いそぎて這《は》ひ来る道に、いと小さき塵《ちり》のありけるを、目ざとに見つけて、いとをかしげなる指《および》にとらへて、大人ごとに①見せたる、いとうつくし。②頭《かしら》はあまそぎなるちごの、目に髪のおほへるを、かきはやらで、うちかたぶきて物など見たるも、うつくし。

（第百四十五段）

③月のいと明《あ》かきに、川をわたれば、牛の歩むままに、水晶などのわれたるやうに、④水の散りたるこそをかしけれ。

（第二百十六段）
〔「枕草子」による〕

1 ——線①「見せたる」の主語を、文章中から十一字で抜き出しなさい。〔5点〕

2 ——線②「頭はあまそぎなるちご」のどのような様子を、「うつくし」と感じていますか。□に当てはまる言葉を現代語で書きなさい。　5点×2〔10点〕

目に髪がかかっているのを、ⓐ［　　］で、ⓑ［　　］て物などを見ている様子。

3 よく出る　作者は、どのようなものを「うつくし」と感じていますか。次から一つ選び、記号で答えなさい。〔5点〕

漢字を読もう！　①霜　②趣　③疾風迅雷
←答えは左ページ

2 ——線①「やうやう白くなりゆく山ぎは」を、現代仮名遣いに直し、全て平仮名で書きなさい。 〔5点〕

3 よく出る ——線②「さらなり」、⑥「つきづきし」の意味を次から一つずつ選び、記号で答えなさい。 5点×2〔10点〕

ア 似つかわしい　**イ** さらにすばらしい

ウ 言うまでもない　**エ** せわしない

4 ——線③「闇もなほ」とありますが、「闇」と対比しているものは、何ですか。文章中から四字で抜き出しなさい。 〔5点〕

5 よく出る ——線④「飛びいそぐ」、⑤「小さく見ゆる」ものは、それぞれ何ですか。文章中から抜き出しなさい。 5点×2〔10点〕

6 季節の風物を、聴覚《ちょうかく》を使って感じ取っている部分を文章中から一文で抜き出し、初めの五字を書きなさい。 〔5点〕

7 やや難 ——線⑦「わろし」とありますが、どのような様子を「わろし」と述べているのですか。現代語で具体的に書きなさい。 〔10点〕

ア 動きが細かく騒がしいもの。　**イ** いろどりが豊かなもの。

ウ 外見がきれいなもの。

エ 小さくあどけないもの。

4 ——線③「月のいと明かきに」は、どのような意味ですか。□に当てはまる言葉を現代語で書きなさい。 〔5点〕

月がとても□夜に。

5 ——線④「水の散りたるこそ」について答えなさい。

(1) どこの「水」が、どうするにつれて「散りたる」のですか。□に当てはまる言葉を現代語で書きなさい。 5点×2〔10点〕

ⓐ□の水が、ⓑ□につれて。

(2) 「水の散りたる」様子を、どのような様子にたとえていますか。現代語で簡潔に書きなさい。 〔5点〕

3 次の構成の熟語を後から一つずつ選び、記号で答えなさい。 2点×5〔10点〕

① 意味が似ている漢字の組み合わせ。

② 意味が対になる漢字の組み合わせ。

③ 主語と述語の関係。

④ 下の漢字が上の漢字の目的や対象を示す。

⑤ 上の漢字が下の漢字を修飾する。

ア 閉会　**イ** 日没　**ウ** 黙黙

エ 熱戦　**オ** 清掃　**カ** 真偽

漢字で書こう！ ①しも　②おもむき　③しっぷうじんらい

答えは右ページ➡

教科書 p.42～p.51

クマゼミ増加の原因を探る

要旨

◇大阪府の都市部でクマゼミが増えた原因を、三つの仮説を立てて検証した。物事の原因を追究するには、科学的な根拠を一歩一歩積み上げて臨む姿勢が大切である。

5分間攻略ブック p.4

テストに出る！
ココが要点

気温上昇による孵化《ふか》の時期の変化（教p.46～p.47）▶例題

仮説2 ●気温の上昇→準備が早まり、早く孵化できる状態になる。
●孵化の時期が雨の多い梅雨に重なり、孵化の確率が高まる。

検証の結果 ●クマゼミだけではなく、他のセミにも当てはまる。
→クマゼミだけが増えた原因とはいえない。

ヒートアイランド現象と地表の整備（教p.47～p.49）▶予想問題

仮説3 ●都市化→ヒートアイランド現象と地表の整備。→土の硬化。
●クマゼミの幼虫は土を掘る力が強い。→硬い土に潜れる。

検証の結果 ●クマゼミは硬い土に潜る能力が、他のセミより高い。
→都市部でクマゼミが増えた原因といえる。

例題 気温上昇による孵化《ふか》の時期の変化

私たちは、気温上昇が及ぼす他の影響を検討するために「②**孵化して土に潜る段階**」に着目した。クマゼミに限らず卵で越冬するセミは、春、気温が上がると体を作り始め、一、二か月で孵化できる状態になる。つまり、①**気温の上がった近年のほうが早く孵化できる状態になる**。

重要なのは、②**セミの卵がこの状態で雨を待つことだ**。生まれたばかりの幼虫は、小さくて体が軟らかく、前述のとおり一時間以内に地中に潜らないと、アリに襲われたり乾燥したりして死んでしまう。そのため、土がぬかるんで軟らかくなる雨の日を狙って孵化するのだ。

確実に雨を捉えるために、セミの卵は高い湿度を感知して孵化する。孵化には雨が必須であり、そもそも

1 ——線①とありますが、なぜですか。選びなさい。

ア 卵で越冬しなくてもよくなるから。
イ 体を作り始める時期が早くなるから。
ウ 体を作る期間が短くなるから。

（　　）

2 ——線②について答えなさい。

(1) よく出る 「この状態」とは、どのような状態ですか。

［　　　　　］状態。

(2) 「雨を待つ」のは、なぜですか。

答えと解説

1 イ

「つまり、……」と言い換えているので、前の文に着目する。孵化に向けてセミが体を作り始めるには、気温が上がる必要がある。**早く気温が上がれば、早く準備に入れる**のだ。

2 (1)孵化できる
(2)ぬかるんで軟らかく・地中

(1)**「状態」に着目**して、前の部分から探す。
(2)孵化したばかりの幼虫は弱く、早

漢字を読もう！ ①休眠 ②顕著 ③耐える
←答えは左ページ

雨が降らないと、孵化できない仕組みになっているのだ。これは、孵化の時期が雨の多い梅雨に当たれば、③**無事に孵化できる確率が高まる**ことを意味する。気温上昇によりセミの孵化は早まっている。いっぽう気象庁の記録によると、過去五十年間、梅雨明けの時期は、ほとんど変わっていない。以上のことから、私たちは、次のような仮説を立てた。

［仮説２］気温上昇で孵化が早まり、梅雨に重なったことで、孵化できる卵が増えた。

④**私たちは二〇〇八年、クマゼミを含む四種のセミに産卵させ、卵を野外に置いて観察した。**＊図６を見てほしい。他のセミは、孵化がほぼ梅雨の期間に収まっているのに対し、孵化が遅いクマゼミだけは、孵化する時期の後半に梅雨が明けてしまった。今より気温が低かった一九六〇年代には、梅雨明け後にようやく孵化の準備が整い、そのまま雨に遭えずに死んでいく卵がさらに多かったことになる。

つまり、気温上昇で孵化が早まり、梅雨の時期と重なったことは、クマゼミ増加の原因の一つと考えられる。ただ、梅雨の期間に孵化が終わる点では、他のセミのほうが依然として有利だ。⑤**クマゼミが増えた原因ではあっても、クマゼミだけが増えた原因とはいえない。**

［沼田《ぬまた》 英治《ひではる》「クマゼミ増加の原因を探る」による］

＊図は省略しています。

土が（　　　　）なり、幼虫が（　　　　）に潜りやすいから。

3 ——線③とありますが、孵化に適した時期は、いつですか。六字で抜き出しなさい。

□□□□□□

4 ——線④の観察の結果、クマゼミについてどのようなことがわかりましたか。選びなさい。

ア 孵化がほぼ梅雨の時期に収まっていた。
イ 孵化する時期の後半に梅雨が明けた。
ウ 梅雨明け後に、孵化する準備が整った。

（　　　）

5 よく出る ——線⑤とありますが、［仮説２］が、クマゼミだけが増えた原因とはいえないのは、なぜですか。

□□する時期が□□に重なっているという点では、□□□□のほうがより当てはまっているから。

く地中に潜らないと死んでしまう。その危険を減らすために、**土が潜りやすくなる日を狙う**のだ。

3 雨の多い梅雨

「孵化には雨が必須」「雨が降らないと、孵化できない仕組みになっている」など、**「雨」がキーワードになっている**ことを捉える。

4 イ

「他のセミは、孵化が……梅雨が明けてしまった。」の一文が、観察の結果を表している。ウは、今より気温が低かった一九六〇年代の状況を、今との比較として挙げた内容に当たる。

5 孵化・梅雨・他のセミ

筆者は、クマゼミが増えた原因を、仮説を立てて検証している。**他のセミが増える原因にも当てはまっては、立証できたことにはならない。**クマゼミ特有の原因を見つけなければならないのだ。

漢字で書こう！ ①きゅうみん　②けんちょ　③た（える）
答えは右ページ➡

テストに出る！

予想問題

次の文章を読んで、問題に答えなさい。

解答 p.2　30分　100点

［仮説３］ヒートアイランド現象による乾燥と地表の整備による土の硬化

大阪市内では、なぜクマゼミの占める割合が、これほど高くなったのか。私たちは、幼虫が「**②孵化《ふか》して土に潜る段階**」に注目した。①［仮説２］でも述べたとおり、雨が降ると土がぬかるんで軟らかくなり、幼虫が地面に潜りやすくなる。しかし、都市化の進んだ大阪市内では、地表の大半が舗装されており、セミは地面に潜れない。さらに、公園などに残された土も、人の足で踏み固められ、ヒートアイランド現象の影響で乾燥しきっている。雨が降っても、野原や森林の土のように、ぬかるむことはない。

私たちは、**図1***に示した抜け殻*調査をする際に、それらの地点の土の硬さも測定していた。その結果、クマゼミが多い市内の公園は土が硬く、クマゼミが少ない市外の緑地や森林は土が軟らかいことがわかった。私たちは、②この違いに注目し、次のような仮説を立てた。

> ［仮説３］クマゼミの幼虫は土を掘る力が強く、ヒートアイランド現象による乾燥と地表の整備によって硬化した地面にも潜ることができる。

この仮説を検証するために、私たちは、セミの幼虫が土に潜る能力を実験で比較した。まず、四段階の硬さに押し固めた土を用

1 ――線①「［仮説２］でも述べたとおり」とありますが、［仮説２］と［仮説３］を立てるうえで、共通して注目したことは何ですか。□に当てはまる言葉を、文章中から抜き出しなさい。〔10点〕

セミの幼虫が［　　］。

2 大阪市内の地面の特徴について答えなさい。

(1) 大阪市内の地面には、どのような特徴がありますか。当てはまらないものを次から一つ選び、記号で答えなさい。〔10点〕

ア 雨が降ると、土がぬかるんで軟らかくなる。
イ 地表の大半が舗装されている。
ウ 人の足で、土が踏み固められている。
エ ヒートアイランド現象の影響で、土が乾燥している。

［　］

(2) 大阪市内の地面の特徴は、何によるものですか。□に当てはまる言葉を、文章中の言葉を使って七字で書きなさい。〔10点〕

［　　　　　　　］ことによる。

3 よく出る ――線②「この違い」をまとめた次の表に当てはまる言葉を、A・Bは三字以内、C・Dは四字以内で書きなさい。完答〔15点〕

場所	クマゼミの数	土の状態
市内の公園	A［　　　］	C［　　　　］
市外の緑地や森林	B［　　　］	D［　　　　］

漢字を読もう！　①零度　②必須　③枯れる
←答えは左ページ

意して、そこに孵化したばかりの幼虫を入れた。そして、一時間以内に潜れるかどうかを観察した。結果が図7*である。クマゼミは他のセミと比べ、硬い土に潜る能力が圧倒的に高かった。乾燥と地表整備で、他のセミが潜れなくなるほど硬くなった地面にも、クマゼミだけは潜ることができる。これが、大阪市内でクマゼミの占める割合が高まった原因と考えられる。

まとめ

以上のことから、③大阪市内でクマゼミの占める割合が高まった背景には、都市部におけるヒートアイランド現象の影響があることが明らかになった。ただし、冬の寒さの緩和は関係がなかった。私たちの検証の範囲で関連が認められるのは、気温上昇で孵化の準備が早まり、梅雨と重なってクマゼミの孵化率が向上したこと、そして、ヒートアイランド現象による乾燥や地表整備で硬化した都市部の土に潜る能力が他のセミと比べて圧倒的に高かったことの二点である。

環境の変化と、生物の数や分布の変化は、簡単に関連づけて語られることが多い。しかし、④私たちがクマゼミについてこの結論を得るまでには、何年もの間、実験や観察を重ねる必要があった。物事の原因を追究するには、世間一般にいわれていることをうのみにするのではなく、科学的な根拠を一歩一歩積み上げて臨む姿勢が大切である。

〔沼田《ぬまた》 英治《ひではる》「クマゼミ増加の原因を探る」による〕

*図1・図7…省略しています。
*抜け殻調査…抜け殻を採集し、その土地に生息するセミの種類や数などを調査すること。

4 〔仮説3〕を検証するために、どのような実験を行いましたか。実験の具体的な方法が書かれている部分を抜き出し、初めと終わりの五字を書きなさい。〔10点〕

□□□□□ ～ □□□□□ 。

5 よく出る 4の実験の結果、クマゼミの能力についてどのようなことがわかりましたか。次の言葉に続けて書きなさい。〔15点〕

クマゼミは他のセミと比べ、

6 ――線③「大阪市内でクマゼミの占める割合が高まった背景には、都市部におけるヒートアイランド現象の影響があることが明らかになった」とありますが、関連が認められなかった影響は何ですか。□に当てはまる言葉を、文章中から抜き出しなさい。〔10点〕

ヒートアイランド現象による□。

7 やや難 ――線④「私たちがクマゼミについてこの結論を得るまでには、何年もの間、実験や観察を重ねる必要があった」とありますが、このことには、筆者のどのような考えが表れていますか。〔20点〕

漢字で書こう！ ①れいど ②ひっす ③か(れる)
答えは右ページ➡

文法への扉1 単語をどう分ける？

確認
◆自立語は単独で文節を作れる単語で、八種類に分類できる。自立語には、活用する動詞・形容詞・形容動詞、活用しない名詞・副詞・連体詞・接続詞・感動詞がある。

5分間攻略ブック p.18

テストに出る！ ココが要点

活用する自立語 →単独で述語になれる。＝用言

- 動詞…「どうする・どうなる・ある」（動作・変化・存在）を表し、言い切りが「ウ」段の音。例読む・食べる・笑う
- 形容詞…「どんなだ」（状態・性質）を表し、言い切りが「い」。例楽しい・かわいい・白い
- 形容動詞…「どんなだ」（状態・性質）を表し、言い切りが「だ・です」。名詞に続く形が「な」。例静かだ・確かです・楽な道（名詞）

活用しない自立語

- 名詞…「が・は・も」などをともなって、主語になれる。＝体言
  生き物・物・事柄などを表す。例鳥・道路・三人
- 副詞…主に連用修飾語となり、様子・状態・程度を表す。例そっと
- 連体詞…連体修飾語にしかならない。例その本〔後に必ず体言が付く〕
- 接続詞…接続語になり、前後の文や語をつなぐ。例すると
- 感動詞…独立語になり、応答や呼びかけなどを表す。例はい

例題

1 ――線の品詞を選びなさい。
①おだやかな声で、②やさしく妹を③呼んだ。
ア 動詞　イ 形容詞
ウ 形容動詞

答えと解説

1 ①ウ　②イ　③ア
言い切りの形に直したときの、最後の音で見分ける。「おだやかだ」→「だ」、

テストに出る！ 予想問題

解答 p.3　20分　100点

1 よく出る ――線から、①動詞・②形容詞・③形容動詞を一つずつ抜き出し、言い切りの形に直して書きなさい。　4点×3〔12点〕
初夏の夕暮れ、海から吹いてくる風がさわやかで、快かった。

①　②　③

2 ――線のうち、①補助動詞・②補助形容詞はどれですか。一つずつ選び、記号で答えなさい。　3点×2〔6点〕
ア あまり寒くない。　イ 今日は宿題がない。
ウ 白い犬がいる。　エ 友人を待っている。

①　②

3 よく出る ――線の名詞の種類を後から一つずつ選び、記号で答えなさい。　4点×5〔20点〕
①パリで絵を学ぶ②ことが③私の④目標だ。⑤五年で達成したい。
ア 普通名詞　イ 代名詞
ウ 固有名詞　エ 数詞
オ 形式名詞

①　②　③　④　⑤

4 ――線の副詞と同じ種類のものを後から一つずつ選び、記号で答えなさい。　4点×3〔12点〕
① このことは、決して忘れない。　② 妹がしくしく泣いている。
③ かなり無理をしているようだ。

①（　　）　②（　　）　③（　　）

2 ―線の動詞の種類を選びなさい。

① ごみを集める。（　　）
② ごみが集まる。（　　）

ア 他動詞　**イ** 自動詞

3 ―線から、補助動詞を選びなさい。

新しく（ア） できた（イ） 書店に（ウ） 寄って（エ） みる。（　　）

4 ―線の名詞の種類を選びなさい。

① 音楽をかける。（　　）
② 太宰治《だざいおさむ》の本を読む。（　　）
③ 二度も失敗する。（　　）
④ それは難しい問題だ。（　　）

ア 普通名詞　**イ** 代名詞
ウ 固有名詞　**エ** 数詞

5 ―線の品詞を選びなさい。

① いろんな国の人。（　　）
② すっかり日が暮れる。（　　）
③ さあ、急いで行こう。（　　）
④ 花が咲き、そして散った。（　　）

ア 副詞　**イ** 連体詞
ウ 接続詞　**エ** 感動詞

「やさしい」→「い」、「呼ぶ」→「ウ」段の音。

2 ①ア　②イ

動作の対象（「何を」）を必要とするのが他動詞、**必要としない**のが自動詞。

3 エ

補助の関係に注目。「みる」は、**「試しに～する」の意味**を「寄る」に補っている。

4 ①ア　②ウ　③エ　④イ

①**ある種類に属する事物を広く表す語**なので、普通名詞。②**人名や地名**は固有名詞。③**数量を表す語**なので、数詞。④**物を指し示している**ので、代名詞。

5 ①イ　②ア　③エ　④ウ

①は「いろんな→国」と**体言を修飾**、②は「すっかり→暮れる」と**用言を修飾**している。③**独立語**。④**前後の語をつないで**いる。

ア じっくり　**イ** もっと
ウ もし

5 ―線の接続詞の意味を後から一つずつ選び、記号で答えなさい。　4点×3〔12点〕

① こんにちは。ところで、お母様はお元気ですか。
② 彼には野球の才能がある。しかも、練習も熱心にする。
③ 今朝は晴れていた。しかし、午後から雨が降ってきた。

ア 順接　**イ** 逆接
ウ 並列・累加　**エ** 対比・選択
オ 説明・補足　**カ** 転換

①	②	③

6 ―線の感動詞の意味を後から一つずつ選び、記号で答えなさい。　3点×2〔6点〕

① あっ、しまった。間違えた。
② いいえ、初めて見ました。

ア 応答　**イ** 呼びかけ
ウ 感動　**エ** 挨拶《あいさつ》

①	②

7 やや難 ―線の品詞を後から一つずつ選び、記号で答えなさい。（同じ記号を何度使ってもかまいません。）　4点×8〔32点〕

① A 大きなケーキを買う。
　 B きれいな花を買う。
② A 元気に山道を登った。
　 B さらに風が強まった。
③ A 座って少し休む。
　 B 休憩《きゅうけい》時間が少ない。
④ A ある海辺の町。
　 B 別荘《べっそう》地にある海。

ア 動詞　**イ** 形容詞
ウ 形容動詞　**エ** 名詞
オ 副詞　**カ** 連体詞

	A	B
①		
②		
③		
④		

漢字で書こう！　①ことがら　②るいか　③うす（れる）
答えは右ページ➡

教科書 p.64～p.66

「自分で考える時間」をもとう

要旨

◆情報は全て編集されているので、うのみにせず、内容について考える時間をもとう。そうすることで、発信者となったときに、間違った情報を伝える危険性が薄らぐ。

5分間攻略ブック p.5

テストに出る! ココが要点

情報の編集のしかた・受け止め方（教 p.64～p.65）

ニュースの編集の例
- 時間帯や放送局、地域などの違いによって異なる。
- 担当者の判断や好みによっても変わる。

→違いが出るのは当然。誤った情報・かたよった情報もある。

- 情報を疑い、自分で考える時間をもつ。複数のメディアに当たる。

→発信者として間違った情報を伝える危険性が薄らぐ。

テストに出る! 予想問題

解答 p.3

30分　100点

次の文章を読んで、問題に答えなさい。

〔私たちが日常的に接している情報は、何をどう伝えるかを考え、全て編集されている。テレビのニュースを例に考えてみよう。〕

朝のニュースは、会社や学校に出かける前の人たちに向け、前日の夜までに起きた出来事と、当日の予定を中心に伝えます。いっぽう、夜のニュースは、仕事帰りの人たちに向けた、政治や経済、国際問題などの話題が多くなります。深夜のニュースでは、夜に行われたスポーツの最新情報が入ってくるでしょう。①同じ放送局でも、時間帯によって、ニュースの扱いは異なるのです。

また、同じ時間帯でも、放送局が異なれば、扱うニュースは違ってきます。経済を大きく扱う放送局もあれば、スポーツを重点的

---

1 ――線①「同じ放送局でも、時間帯によって、ニュースの扱いは異なる」について答えなさい。

(1) よく出る 時間帯によって、ニュースの扱いが異なるのは、なぜですか。次から一つ選び、記号で答えなさい。〔15点〕

ア　ニュースが放送される時間帯によって、収集できる情報の種類が異なってくるから。
イ　できるだけ多くの情報を伝えるために、ニュースが重複しないように時間帯で分けているから。
ウ　その時間帯にニュースを見る人に向け、必要な情報や好まれる情報を選んでいるから。
エ　ニュースを見てくれる人を増やすために、時間帯によって番組の構成を工夫しているから。

□

(2) ニュースの扱いが異なる理由として、「時間帯」の他に何による違いを挙げていますか。□に当てはまる言葉を、文章中から抜き出しなさい。10点×2〔20点〕

ⓐ□□□の特色による違いや、放送されるⓑ□□による違い。

2 ――線②「各担当者の判断や、時には好みによっても編集のしかたは変わってきます」について答えなさい。

漢字を読もう!　①書籍　②掲載　③日頃
←答えは左ページ

に放送するところもあります。

さらに、東京の放送局と大阪の放送局では、取り上げるニュースの項目も違います。プロ野球のどの球団を大きく取り上げるかも、地域によって異なるでしょう。

これらの違いに加え、②各担当者の判断や、時には好みによっても編集のしかたは変わってきます。

だからといって、そのニュースが間違っているわけではありません。人間のすることですから、違いが出るのは当然なのです。

ただ、あってはならないことですが、時にはミスから誤った情報が入り込むことや、どちらかの立場に肩入れした情報を伝えることもありえます。近年では、「フェイクニュース」という、事実無根のにせのニュースもインターネット上に出現し、社会の混乱を招いています。

③大事なことは、大量の情報に押し流されず、まずは情報を疑ってみること。情報を見たり聞いたりしたら、すぐにうのみにせず、「この情報をどう考えたらよいだろう。自分なら、違う取り上げ方をするかもしれない。」などと自分で考える時間をもつようにしましょう。また、一つのメディアのみではなく、複数のメディアに当たることも、情報を整理し、冷静に考える助けになります。

こうして、④情報を注意深く受け止めるようになると、今度はあなたが情報を発信する立場になったときに、間違った情報を伝える危険性が薄らぐのです。

〔池上《いけがみ》 彰《あきら》「『自分で考える時間』をもとう」による〕

(1) 筆者は、このことをどう受け止めていますか。□に当てはまる言葉を文章中から抜き出しなさい。 5点×2〔10点〕

人間のすることなので ⓐ［　　］で、その ⓑ［　　］わけではない。

(2) 各担当者が編集する際にあってはならないのは、どのようなことですか。二つに分けて書きなさい。 10点×2〔20点〕

［　　］

［　　］

3 よく出る ——線③「大事なことは、……情報を疑ってみること。」とありますが、情報に接するとき、どのようにすることを勧めていますか。□に当てはまる言葉を文章中から抜き出しなさい。 10点×2〔20点〕

・情報をうのみにせず、［　　］をもつこと。

・［　　］に当たること。

4 やや難 ——線④「情報を注意深く受け止めるようになる」とありますが、このことによってどのようになるのですか。 〔15点〕

［　　］

漢字で書こう！ ①しょせき ②けいさい ③ひごろ

答えは右ページ➡

短歌に親しむ／短歌を味わう

教科書 p.68～p.71／p.72～p.73

主題

◇短歌は、千三百年以上前から受け継がれてきた日本の詩で、調べに気持ちを託すことができる。短歌を鑑賞したり作ったりすることで、あなたの世界は豊かになる。

5分間攻略ブック p.6

テストに出る！ ココが要点

短歌の形式

●定型…五・七・五・七・七の三十一音から成る。

くれなゐの（初句／五音） 二尺伸びたる（第二句／七音） 薔薇《ばら》の芽の（第三句／五音）〔上《かみ》の句〕 針やはらかに（第四句／七音） 春雨《はるさめ》のふる（結句／七音）〔下《しも》の句〕 正岡《まさおか》子規《しき》

定型の字数より多いものを**字余り**、少ないものを**字足らず**という。

●**句切れ**…一首の途中で、意味のつながりが切れるところ。区切れるところによって、「初句切れ・二句切れ……」とよぶ。

短歌の表現技法

●**体言止め**…結句を体言（名詞）で止める方法。

●**対句**…言葉を形や意味が対応するように並べる方法。

例 観覧車回れよ回れ想《おも》ひ出は君には一日《ひとひ》我には一生《ひとよ》　栗木《くりき》京子《きょうこ》

例題 情景を思い描く

◇短歌に親しむ◇

①**くれなゐ**の二尺伸びたる薔薇《ばら》の芽の②**針**やはらかに春《はる》雨《さめ》のふる　正岡《まさおか》子規《しき》

四季の変化に富む日本では、季節の情感を大切にしながら短歌が作られてきました。この歌は「くれなゐ」（紅色《べにいろ》）という色彩《しきさい》や「二尺」（約六十・六センチメートル）という長さによって、薔薇の芽を丁寧に描写しています。さらに、薔薇のとげを「針」と表現し、「針やはらかに」と続けたところが巧みです。新芽のとげのみずみずしく柔らかな様子が伝わってきます。「くれなゐの」「薔薇の芽の」「春雨の」と、助詞「の」が

1 よく出る ——線①は、何の色ですか。

薔薇の［　　］の色。

2 ——線②とは、何のことですか。

［　　　　　］

3 ——線③の言葉を使うことで、どのような効果がありますか。

（　　　）印象を残し、情景に（　　　）が備わるという効果。

答えと解説

1 芽

「くれなゐ」の「薔薇の芽」が、「二尺」伸びているのだ。

2 薔薇のとげ

「薔薇のとげを『針』と表現し」とある。

3 鮮やかな・臨場感

「たくさん」と表現するより、「三百」という数詞で表現したほうが、数の多さが実感をもって伝わってくるというのだ。

漢字を読もう！ ①悠然 ②一滴 ③爽やか
←答えは左ページ

続いていることも、歌に優しさを添えています。

夏のかぜ山よりきたり③**三百**の牧の若馬耳ふかれけり　与謝野晶子《よさのあきこ》

こちらも季節感が生き生きと伝わってくる歌です。牧場の若い馬たちが気持ちよさそうに風に吹かれています。「三百」は、たくさんという意味で使われていますが、「たくさんの牧の若馬」よりも「三百の牧の若馬」と表現したほうが鮮やかな印象を残します。数量や順序を示す語を「数詞」といいますが、ここでは数詞を生かすことで情景に臨場感が備わっているといえるでしょう。遠い山に向けられていた視線が、やがて牧場へとくだり、最後には目の前の若馬の耳に移っていきます。こうした動きが歌の中に爽やかな流れを作り、言葉の背後から生命への賛歌が聞こえてくるようです。

〔栗木《くりき》京子《きょうこ》「短歌に親しむ」による〕

◈短歌を味わう◈

A　白鳥は④**かなしからずや**空の青海のあをにも染まずただよふ　若山牧水《わかやまぼくすい》

B　観覧車回れよ回れ想《おも》ひ出は君には一日《ひとひ》我には一生《ひとよ》　栗木京子

〔「短歌を味わう」による〕

4 「夏のかぜ……」の短歌は、視線がⅠ…遠景から、Ⅱ…近景に移っています。それぞれ何が歌われていますか。

Ⅰ［　　］　Ⅱ［　　］の［　　］

5 「くれなゐの……」「夏のかぜ……」の短歌に共通して表されているものは、何ですか。三字で抜き出しなさい。

［　　　］

6 よく出る ――線④の意味を選びなさい。

ア かなしくないのだろうか
イ かなしいことはない
ウ かなしかったはずだ
（　　）

7 Bの短歌の初句は、何音ですか。

［　］音

8 A・Bの短歌の句切れを選びなさい。

ア 二句切れ　**イ** 三句切れ
ウ 句切れなし

A（　　）B（　　）

9 Bの短歌に用いられている表現技法を全て選びなさい。

ア 擬人法　**イ** 対句
ウ 体言止め
（　　）

4 Ⅰ山　Ⅱ若馬・耳
✎**「遠い山に向けられていた視線が、……若馬の耳に移っていきます。」**とある。「遠い山」とあるので、遠景は「山」、「若馬の耳」が近景に当たる。

5 季節感
✎「夏のかぜ……」の短歌の後に、**「こちらも季節感が生き生きと伝わってくる」**とあることに着目する。

6 ア
✎**「や」は疑問**、または反語を表す。

7 五
✎「かんらんしゃ」の「**しゃ**」は、**二文字で一音**に数える。

8 Aア　Bア
✎短歌の意味を考えて文に直し、**句点(。)を打てるところ**を探す。二首とも二句の後で切れる。

9 イ・ウ
✎「**君には一日**」と「**我には一生**」が対句になっている。また、**結句を「一生」と体言で止めている。**

漢字で書こう!　①ゆうぜん　②いってき　③さわ(やか)
答えは右ページ➡

テストに出る！
予想問題

解答 p.4　30分　/100点

1 **次の短歌と文章を読んで、問題に答えなさい。**

死に近き母に添寝《そひね》の①しんしんと遠田《とほだ》のかはづ天に聞《きこ》ゆる　斎藤茂吉《さいとうもきち》

生きる喜びを歌った晶子《あきこ》の歌に対し、茂吉のこの歌では死にゆく母を見つめています。一九一三（大正二）年五月、②母危篤の知らせを受け、作者は東京から実家のある山形県に帰りました。母の看病をしていると、遠くの田から蛙《かえる》の声が聞こえてきます。その声は、まるで天まで届くように感じられたのでした。「しんしんと」は夜がふけてゆく状況とともに、蛙の声が空に響く様子を表しています。母の死と向き合う悲しみを、ふるさとの大きな自然が包み込んでいます。

では、ここからは、今日《こんにち》の短歌を読んでみましょう。

鯨の世紀恐竜の世紀いづれにも戻れぬ地球の水仙の白　馬場《ばば》あき子《こ》

二十世紀から二十一世紀へ時代が移るときに作られた歌です。地球上に人類が誕生するよりもはるか前に、鯨や恐竜が栄えていた時代がありました。人間は今、我が物顔で新しい世紀へ歩み出していますが、それでよいのだろうか。遠い昔の地球は、もっと安らかで悠然としていたのではないか。そんな問いかけが聞こえ

5 ――線④「鯨の世紀、恐竜の世紀」について答えなさい。

(1) 筆者は、その時代をどのようなものとして受け止めていますか。文章中から十四字で抜き出しなさい。〔5点〕

(2) 対照的に使われている言葉を、短歌の中から抜き出しなさい。〔5点〕

2 **次の短歌を読んで、問題に答えなさい。**

A 蛇行する川には蛇行の理由あり急げばいいってもんじゃないよと　俵万智《たわらまち》

B 白鳥はかなしからずや空の青海のあをにも染まずただよふ　若山牧水《わかやまぼくすい》

C 不来方《こずかた》のお城の草に寝ころびて空に吸はれし十五の心　石川啄木《いしかわたくぼく》

D のぼり坂のペダル踏みつつ子は叫《さけ》ぶ「まっすぐ？」、そうだ、どんどんのぼれ　佐佐木幸綱《ささきゆきつな》

E ①ぽぽぽぽと秋の雲浮き子供らはどこか遠くへ遊びに行けり　河野裕子《かわのゆうこ》

F 観覧車回れよ回れ想《おも》ひ出は君には一日《ひとひ》②我には一生《ひとよ》　栗木京子《くりききょうこ》

〔栗木 京子「短歌に親しむ」／「短歌を味わう」による〕

漢字を読もう！　①丁寧　②鮮やか　③鑑賞

←答えは左ページ

ます。そして、この歌の優れた点は、「③水仙の白」と歌い収めたところです。④鯨の世紀、恐竜の世紀といった、とてつもなく長い時間が「水仙の白」という一滴の時間の中に、すっと回収されていきます。大きな時間と小さな時間が、一首の中でダイナミックに溶け合っているのがわかって、思わずため息が出ます。短歌は短い詩ですが、このように壮大《そうだい》なことを表現することもできるのです。

〔栗木《くりき》京子《きょうこ》「短歌に親しむ」による〕

1 ――線①「しんしんと」は、何を表していますか。文章中から二つ抜き出しなさい。 5点×2〔10点〕

2 ――線②「母危篤の知らせを受け」とありますが、母の状態を表している言葉を、短歌の中から五字で抜き出しなさい。〔5点〕

3 よく出る 「死に近き……」の短歌は、作者のどのような思いを歌ったものですか。文章中から抜き出しなさい。〔5点〕

4 ――線③「水仙の白」とありますが、短歌のこの部分に用いられている表現技法は、何ですか。四字で書きなさい。〔5点〕

---

1 Aの短歌は、何句切れですか。〔5点〕

2 Bの短歌で、対比して歌われている色を二つ、それぞれ漢字一字で書きなさい。 5点×2〔10点〕

□ と □

3 ――線①「ぽぽぽぽと」は、何のどのような様子を表していますか。 5点×3〔15点〕

ⓐ□の空に、ⓑ□がⓒ□様子。

4 ――線②「我には一生」について答えなさい。

(1) 対句になっている部分を抜き出しなさい。〔5点〕

(2) やや難 (1)の対句は、ここでは何を強調する効果がありますか。次から一つ選び、記号で答えなさい。〔5点〕

ア 二人の年の違い。 イ 二人の仲の良さ。
ウ 二人の緊張感。 エ 二人の思いの違い。

5 よく出る 次の鑑賞文に当てはまる短歌をA～Fから一つずつ選び、記号で答えなさい。 5点×5〔25点〕

① 子供をはげまし、応援する親の気持ちを歌っている。
② 周囲に溶け込まず孤独《こどく》に生きるものに、作者の姿を重ねている。
③ むだなく早く進むよりも、大切なこともあると感じている。
④ 希望や不安を抱えた少年の頃の自分をなつかしく思い出している。
⑤ 元気に遊ぶ子供たちの姿を思いながら、のどかに過ごす時間を歌っている。

漢字で書こう！ ①ていねい ②あざ(やか) ③かんしょう
答えは右ページ➡

言葉の力
言葉1 類義語・対義語・多義語

主題

◆桜の色の話から、筆者は言葉の世界について考える。桜の花びらの背後に桜の木全体の活動があるように、言葉も、それを発する人間全体の世界を背負っているのだ。

5分間攻略ブック p.6

テストに出る！ **ココが要点**

言葉の本質とは（教 p.74〜p.76）▶予想問題

●筆者は、桜と言葉の世界を対応させて考えている。

・桜の花びら ↔ 大きな幹
・言葉の一語一語 ↔ 人間全体
→ 背後にそれを生み出しているものを背負っている。

テストに出る！ **予想問題**

解答 p.4 30分 100点

1 次の文章を読んで、問題に答えなさい。

「①この色は何から取り出したんですか。」

「桜からです。」

と志村《しむら》さんは答えた。素人《しろうと》の気安さで、私はすぐに桜の花びらを煮詰めて色を取り出したものだろうと思った。実際はこれは桜の皮から取り出した色なのだった。あの黒っぽいごつごつした桜の皮から②この美しいピンクの色がとれるのだという。志村さんは続けてこう教えてくれた。この桜色は、一年中どの季節でもとれるわけではない。桜の花が咲く直前の頃、山の桜の皮をもらってきて染めると、こんな、上気したような、えもいわれぬ色が取り出せるのだ、と。

③私はその話を聞いて、体が一瞬揺らぐような不思議な感じに襲われた。春先、もうまもなく花となって咲き出《い》でようとしている

1 ――線①「この色」は、どこから取り出したものですか。文章中から三字で抜き出しなさい。〔10点〕

2 ――線②「この美しいピンクの色」は、いつとれるのですか。文章中から抜き出しなさい。〔15点〕

3 ――線③「私はその話を聞いて、体が一瞬揺らぐような不思議な感じに襲われた。」とありますが、その理由がわかる一文を文章中から抜き出し、初めの五字を書きなさい。〔10点〕

4 よく出る ――線④「桜の花びらに現れ出たピンク」とは、つまりどのようなものですか。□に当てはまる言葉を、文章中から十八字で抜き出しなさい。〔15点〕

□が、春という時節に桜の花びらという一つの現象になったもの。

5 ――線⑤「大きな幹」を言葉の世界に置き換えると、何に当たりますか。次から一つ選び、記号で答えなさい。〔15点〕

漢字を読もう！ ①語彙 ②精髄 ③淡い
←答えは左ページ

桜の木が、花びらだけでなく、木全体で懸命になって最上のピンクの色になろうとしている姿が、私の脳裏に揺らめいたからである。花びらのピンクは、幹のピンクであり、樹皮のピンクであり、樹液のピンクであった。桜は全身で春のピンクに色づいていて、花びらはいわばそれらのピンクが、ほんの尖端《せんたん》だけ姿を出したものにすぎなかった。

　考えてみればこれはまさにそのとおりで、木全体の一刻も休むことない活動の精髄が、春という時節に桜の花びらという一つの現象になるにすぎないのだった。しかしわれわれの限られた視野の中では、④桜の花びらに現れ出たピンクしか見えない。たまたま志村さんのような人がそれを樹木全身の色として見せてくれると、はっと驚く。

　このように見てくれば、これは言葉の世界での出来事と同じことではないかという気がする。言葉の一語一語は、桜の花びら一枚一枚だといっていい。一見したところ全然別の色をしているが、しかし本当は全身でその花びらの色を生み出している⑤大きな幹、それを、その一語一語の花びらが背後に背負っているのである。そういうことを念頭におきながら、言葉というものを考える必要があるのではなかろうか。そういう態度をもって言葉の中で生きていこうとするとき、一語一語のささやかな言葉の、ささやかさそのものの大きな意味が実感されてくるのではなかろうか。⑥美しい言葉、正しい言葉というものも、そのとき初めて私たちの身近なものになるだろう。

〔大岡《おおおか》信《まこと》「言葉の力」による〕

ア　言葉を発している人間全体。
イ　古くから受け継がれてきた言葉。
ウ　新しい言葉を生み出している人間。
エ　言葉がもっている本来の意味。

6 やや難 ――線⑥「美しい言葉、……身近なものになるだろう。」とありますが、美しい言葉や正しい言葉を身近なものにするには、どうすることが大切だと筆者は述べていますか。次から一つ選び、記号で答えなさい。〔15点〕

ア　日頃から正しい日本語はどうあるべきかを考えながら、言葉と接していくようにすること。
イ　言葉の組み合わせや言い回しをできるだけ工夫しながら、言葉と接していくようにすること。
ウ　言葉は、人間の内面を反映して生まれるものだということを意識して、言葉と接していくようにすること。
エ　他の人にどう受け止められるかよりも、自分独自の感性を重視して、言葉と接していくようにすること。

2 **次の――線の語について、①・②は置き換えられる類義語を、③・④は対義語を、それぞれ二字で書きなさい。** 5点×4〔20点〕

① 紙をびりりと手で裂く。
② 上と下が逆だ。
③ 薄いノートを使う。
④ 薄い緑色のペンキ。

①	②

③	④

漢字で書こう！ 答えは右ページ➡　①ごい　②せいずい　③あわ(い)

盆土産《みやげ》

主題

◇東京から持ち帰った父親の盆土産は、「えびフライ」。少年が初めて口にする「えびフライ」をめぐる出来事を通して、家族のきずなや心のぬくもりが描かれている。

5分間攻略ブック p.7

テストに出る！

ココが要点

初めて食べた「えびフライ」（教 p.99〜p.100）▶**例題**

● 父親は六尾のえびフライを、明快に子供たちに二尾ずつ配分した。

● えびフライはえもいわれないうまさで、少年は夢中で食べた。

母親の墓参りと父親の見送り（教 p.101〜p.103）▶**予想問題**

● 少年は、父親との別れで、不意にしゃくり上げそうになる。

● 別れの寂しさに頭が混乱して、「えんびフライ。」と言ってしまう。

例題　初めて食べた「えびフライ」

普段、おかずの支度は全て姉がしているが、今夜はキャベツを細く刻むだけにして、フライは父親が自分で揚げた。煮えた油の中でパン粉の焦げるいい匂いが、家の中に籠もった。①**四人家族**に六尾では、配分がむつかしそうに思われたが、父親は明快に、

「②**お前《め》と姉《あね》は二匹ずつ食《け》え。おらと婆《ば》っちゃは一匹ずつでええ。**」

と言って、その代わりに、今朝釣ってきた雑魚《ざこ》をビールの肴《さかな》にした。串焼きにしたまま囲炉裏の灰に立てておいたのを、あぶり直して、一尾ずつ串から抜いてはしょう油をかけて食った。ビールは三本あるから、③**はらはらして**、

「あんまり食《け》えば、そばのだしがなくならえ。」

と言うと、父親は薄く笑って、

「わかってらぁに。人のことは気にしねで、えびフライをじっくと味わって食《け》え。」

1 ――線①とありますが、語り手の少年以外の家族は誰ですか。

（　　　　　　　　）

2 よく出る ――線②と父親が言ったのは、なぜですか。選びなさい。

ア 姉と弟で取り合いになると困るから。

イ 子供たちに多く食べさせてやりたいから。

ウ 大人はフライを多く食べないほうがいいから。

（　　）

3 ――線③とありますが、少年がはらはらしたのは、なぜですか。

（　　　　）に使う（　　　　）がなくなってしまうと思ったから。

答えと解説

1 姉・父親・祖母（婆っちゃ）

✎ 誰を指すかはっきりわかる言葉を探す。「お前」は少年のこと。

2 イ

✎ 父親は六尾のえびフライの配分を、「**明快に**」（ためらうことなくはっきりと）決めている。最初から、**子供たちに多く食べさせよう**と考えていたのだ。

3 そばのだし・雑魚

✎ **直後の少年の言葉**に着目する。雑魚は、**父親の好きな**生そばのだしを作るために、**少年が釣ってきて**串焼きにしておいたものだったのだ。

漢字を読もう！　①冷凍　②濁る　③不明瞭
←答えは左ページ

と言った。

揚げたてのえびフライは、口の中に入れると、しゃおっ、というような音を立てた。かむと、緻密な肉の中で前歯がかすかにきしむような、いい歯応えで、この辺りでくるみ味といっている えもいわれないうまさが口の中に広がった。

二尾も一度に食ってしまうのは惜しいような気がしたが、明日からは盆で、精進しなければならない。最初は、自分のだけ先になくならないように、横目で姉を見ながら調子を合わせて食っていたが、④**二尾目になると、それも忘れてしまった。**

不意に、祖母がむせてせき込んだ。姉が背中をたたいてやると、小皿にえびのしっぽをはき出した。

「歯がねえのに、しっぽは無理だえなあ、婆っちゃ。えびは、しっぽを残すのせ。」

と、父親が苦笑いして言った。

そんなら、食う前にそう教えてくれればよかった。姉の皿を見ると、やはりしっぽは見当たらなかった。姉もこちらの皿を見ていた。⑤**顔を見合わせて、首をすくめた。**

「歯があれば、しっぽもうめえや。」

姉が誰にともなくそう言うので、

⑥**「んだ。うめえ。」**

と同調して、その勢いで二尾目のしっぽも口の中に入れた。

〔三浦《みうら》 哲郎《てつお》「盆土産《みやげ》」による〕

4 少年がえびフライを食べたときの音を四字で、味に対する感想を十字で抜き出しなさい。

音…□□□□

味…□□□□□□□□□□

5 ――線④は、何を忘れてしまったのですか。

自分の□□□□□だけ、□より先になくならないようにすること。

6 よく出る ――線⑤のとき、二人はどのような気持ちでしたか。選びなさい。

ア 祖母のようにむせなくてよかった。

イ しっぽを食べてしまって決まりが悪い。

ウ 先に教えてくれなかった父親がうらめしい。 （　）

7 ――線⑥のとき、少年はどのような気持ちでしたか。選びなさい。

ア おいしいえびフライを食べ尽くしたい。

イ よくかめば、しっぽもおいしいはずだ。

ウ 姉と同じことをすれば恥ずかしくない。 （　）

4 音…しゃおっ 味…えもいわれないうまさ

「しゃおっ」は、揚げたてのえびフライを**口に入れてかんだとき**の音を表す、**擬声語**である。「えもいわれない」は、「**言葉では表せないほどすばらしい**」という意味。

5 えびフライ・姉

姉がまだ食べているのに、**自分のえびフライだけ先になくなるのが惜しかった**のだ。けれど、あまりのおいしさにそのことを忘れて、二尾目は**夢中で食べてしまった**のだ。

6 イ

少年も姉も、しっぽを食べてしまっていた。しっぽを食べた祖母に父親が注意しているのを聞いて、**同じことをした自分たちも決まりが悪くなった**のだ。

7 ア

しっぽは残すものだと言われたが、**おいしいので食べてしまいたかった**。少年は姉の言葉に同調して、**しっぽを食べる口実にした**のだ。

漢字で書こう！ ①れいとう ②にご(る) ③ふめいりょう

答えは右ページ➡

テストに出る！

予想問題

次の文章を読んで、問題に答えなさい。

解答 p.5　30分　/100点

　祖母は、墓地へ登る坂道の途中から絶え間なく念仏を唱えていたが、祖母の南無阿弥陀仏《なむあみだぶつ》は、いつも『なまん、だあうち』というふうに聞こえる。ところが、墓の前にしゃがんで迎え火に松の根をくべ足していたとき、祖母の『なまん、だあうち』の合間に、①ふと、

「えんびフライ……。」

という言葉が混じるのを聞いた。

　祖母は歯がないから、言葉はたいがい不明瞭だが、そのときは確かに、えびフライではなくえんびフライという言葉をもらしたのだ。

　祖母は昨夜の食卓の様子を（えびのしっぽが喉につかえたことは抜きにして）祖父と母親に報告しているのだろうかと思った。そういえば、祖父や母親は生きているうちに、えびのフライなど食ったことがあったろうか。祖父のことは知らないが、まだ田畑を作っている頃に早死にした母親は、あんなにうまいものは一度も食わずに死んだのではなかろうか――そんなことを考えているうちに、②なんとなく墓を上目でしか見られなくなった。父親は、少し離れた崖っぷちに腰を下ろして、黙ってたばこをふかしていた。

　父親が夕方の終バスで町へ出るので、独りで停留所まで送っていった。③谷間はすでに日がかげって、雑魚《ざこ》を釣った川原では早くも河鹿《かじか》が鳴き始めていた。村外れのつり橋を渡り終えると、父親はとって付けたように、

1 ――線①「ふと、『えんびフライ……。』という言葉が混じるのを聞いた」とき、少年はどう思いましたか。思った内容を三十字以内で書きなさい。〔10点〕

2 よく出る ――線②「なんとなく墓を上目でしか見られなくなった」とは、どういうことですか。次から一つ選び、記号で答えなさい。〔15点〕

ア　母親にえびフライを食べさせることができなかった祖母の気持ちを思い、せつなくなってしまったということ。

イ　えびフライを一匹残して母親にお供えするべきだったと思い、後悔してうなだれてしまったということ。

ウ　えびフライのようなうまいものを自分たちだけ食べたことが母親に申し訳なくて、自然とうつむいてしまったということ。

エ　えびフライのことから早死にした母親を思い出し、急に会いたくなって涙ぐんでしまったということ。

3 ――線③「谷間はすでに……河鹿が鳴き始めていた。」の一文は、この文章でどのような効果を上げていますか。次から一つ選び、記号で答えなさい。〔15点〕

ア　少年と父親の別れの寂しさを暗示する効果。

イ　家から停留所までの距離が長いことを暗示する効果。

ウ　父親の身に何か悪いことが起こることを暗示する効果。

エ　少年と父親の気持ちのすれ違いを暗示する効果。

漢字を読もう！　①跳ねる　②敏感　③湾曲
←答えは左ページ

「こんだ正月に帰るすけ、もっとゆっくり。」

と言った。すると、なぜだか不意にしゃくり上げそうになって、とっさに、

④「冬だら、ドライアイスもいらねべな。」

と言った。

「いや、そうでもなかべおん。」と、父親は首を横に振りながら言った。「冬は汽車のスチームがききすぎて、汗こ出るくらい暑いすけ。ドライアイスだら、夏どこでなくいるべおん。」

それからまた、停留所まで黙って歩いた。

バスが来ると、父親は右手でこちらの頭をわしづかみにして、

「んだら、ちゃんと留守してれな。」

と揺さぶった。それが、⑤いつもより少し手荒くて、それで頭が混乱した。んだら、さいなら、と言うつもりで、⑥うっかり、

「えんびフライ。」

と言ってしまった。

バスの乗り口の方へ歩きかけていた父親は、ちょっと驚いたように立ち止まって、苦笑いした。

「わかってらぁに。また買ってくるすけ……。」

父親は、まだ何か言いたげだったが、男車掌が降りてきて道端に痰《たん》をはいてから、

「はい、お早くう。」

と言った。

父親は、何も言わずに、片手でハンチングを上から押さえてバスの中へ駆け込んでいった。

〔三浦《みうら》哲郎《てつお》「盆土産《みやげ》」による〕

4 ――線④「冬だら、……いらねべな。」と言ったとき、少年はどのような気持ちでしたか。次から一つ選び、記号で答えなさい。〔15点〕

ア　今度帰ってくるときも、必ずえびフライを買ってきてほしい。

イ　別れはつらいけれど、父親に涙を見せて心配させたくない。

ウ　何でもいいから、父親が喜びそうなことを言いたい。

エ　今は夏だから、冬のことなど想像してもしかたがない。

［　］

5 ――線⑤「いつもより少し手荒くて」という父親の様子からは、少年との別れを惜しむ気持ちが感じられます。同じ気持ちを表す父親の様子を、これより後の文章中から十一字で抜き出しなさい。〔15点〕

［　　　　　　　　　　　］

6 よく出る ――線⑥「うっかり、『えんびフライ。』と言ってしまった」理由を次から一つ選び、記号で答えなさい。〔15点〕

ア　頭をわしづかみにされて訳がわからなくなり、やけになって次の土産を催促する言葉として「えんびフライ」と言ってしまった。

イ　寂しい別れぎわに父親に頭を揺さぶられたことで思いが乱れ、印象に残っていたえびフライのことが思わず口に出てしまった。

ウ　いい別れの言葉を言いたくて、土産のえびフライのおいしさをふと思い出し、父親への感謝を込めて「えんびフライ」と言った。

エ　別れの悲しみをごまかしたくて、父親が笑いそうな、えびフライのことをとっさに思いついて言ってしまった。

［　］

7 やや難 少年にとって、「えびフライ」は何を象徴するものですか。［　］に当てはまる言葉を、漢字二字で考えて書きなさい。〔15点〕

父親の、家族に対する［　　］。

漢字で書こう！　①は（ねる）　②びんかん　③わんきょく
答えは右ページ➡

字のない葉書《はがき》

教科書 p.106〜p.111

主題

初めて親元を離れた「私」に届いた手紙と、疎開した幼い妹に出させた葉書。二つの思い出を通して、子供に対する父親の深い愛情が描かれている。

5分間攻略ブック p.8

テストに出る！

ココが要点

父からの手紙（教 p.106〜p.107）▼例題

- 女学校一年で初めて親元を離れた「私」に、父がよこした手紙。
- 表書きに「殿」が使われ、文面も改まったものだった。＝他人行儀

手紙の中の父親…日頃の**暴君**ぶりとは異なる、**威厳**と**愛情**にあふれた**非の打ちどころのない**父親。

妹から届いた「字のない葉書《はがき》」（教 p.107〜p.109）▼予想問題

- **疎開**した幼い妹に出させた、無事を知らせるための葉書。
- 葉書の印は大マル→小マル→**バツ**へと変わり、ついに来なくなる。
- 妹が帰ってくると、父は、**はだし**で表へ飛び出し、やせた妹の肩を抱き、声を上げて**泣いた**。

↑「私」…父への驚きと感動

例題　父からの手紙

死んだ父は①**筆まめな人であった**。

私が女学校一年で初めて親元を離れたときも、三日にあげず手紙をよこした。当時保険会社の支店長をしていたが、一点一画もおろそかにしない大ぶりの筆で、

「向田邦子《むこうだくにこ》殿」

と書かれた表書きを初めて見たときは、②**ひどくびっくりした**。父が娘宛ての手紙に「殿」を使うのは当然なのだが、つい四、五日前まで、

「おい、邦子！」

と呼び捨てにされ、「ばかやろう！」の罵声やげんこつは日常のことであったから、突然の変わりように、③**こそばゆいような晴れがましいような気分になった**のであろう。

1 ——線①の様子を具体的に表している部分を、十三字で抜き出しなさい。

2 よく出る ——線②とありますが、それはなぜですか。

つい四、五日前まで、「邦子！」と（　　　　）にされていたのに、父からの手紙の表書きに「（　　　　）」という敬称が使われていたから。

答えと解説

1 三日にあげず手紙をよこした

「三日にあげず」は「**間を空けず**、**毎日のように**」という意味。それくらい面倒がらずに手紙を書いてくれたのだ。

2 呼び捨て・殿

表書きを見てびっくりしたのだから、**どのような表書きだったか**を読み取る。「父が娘宛ての手紙に『殿』を使うのは当然」なのだが、普段は**呼び捨て**にされていたので、その違いに**驚いた**のである。

漢字を読もう！　①叱る　②縫う　③叫ぶ
←答えは左ページ

　文面も、折り目正しい時候の挨拶に始まり、新しい東京の社宅の間取りから、庭の植木の種類まで書いてあった。文中、私を貴女《あなた》とよび、

「貴女の学力では難しい漢字もあるが、勉強になるからまめに字引を引くように。」

という訓戒も添えられていた。

④**ふんどし一つで家中を歩き回り、大酒を飲み、かんしゃくを起こして母や子供たちに手を上げる**父の姿はどこにもなく、威厳と愛情にあふれた非の打ちどころのない父親がそこにあった。

　暴君ではあったが、反面照れ性でもあった父は、⑤**他人行儀という形**でしか十三歳の娘に手紙が書けなかったのであろう。もしかしたら、⑥**日頃気恥ずかしくて演じられない父親**を、手紙の中でやってみたのかもしれない。

〔向田《むこうだ》 邦子《くにこ》「字のない葉書《はがき》」による〕

3 ――線③とありますが、それはどのような気持ちからですか。当てはまらないものを選びなさい。

ア 急に一人前に扱われて落ち着かない。
イ やっと一人前に扱われてうれしい。
ウ 一人前に扱われてしまって心細い。

（　　）

4 ――線④のような父の姿を、何と表現していますか。二字で抜き出しなさい。

□□

5 ――線⑤とは、父の手紙のどのような点のことですか。「表書き」以外について二つ答えなさい。

・文面が、（　　　　）から始まっている点。
・文中、「私」を（　　　　）とよんでいる点。

6 よく出る ――線⑥とは、どのような父親ですか。二十二字で抜き出し、初めと終わりの三字を書きなさい。

□□□ ～ □□□

3 ウ
手紙の表書きから、**父から一人前の扱いを受けたと感じ**、――線③のような気分になったのだ。「こそばゆい」は「**照れくさい**」、「晴れがましい」は「**晴れやかでほこらしい**」という意味。

4 暴君
他に「**『おい、邦子!』と……げんこつは日常のことであった**」の部分も、「暴君」としての姿を表している。

5 (折り目正しい)時候の挨拶・貴女
「他人行儀」は「**他人のようによそよそしく振る舞う様子**」という意味。きちんと**形式を守った手紙の書き方**や、**「貴女」というよび方**にも、「表書き」と同様に他人行儀な印象を受けたのだ。

6 威厳と～い父親
父が**手紙の中でやってみた父親像**を探す。「威厳と愛情に……父親がそこ(＝手紙の中)にあった」とある。**「暴君」とは対照的な**父親像だ。

漢字で書こう! ①しか(る) ②ぬ(う) ③さけ(ぶ)
答えは右ページ➡

テストに出る！

予想問題

次の文章を読んで、問題に答えなさい。

解答 p.5

30分

/100点

（小学校一年の末の妹が、甲府《こうふ》に学童疎開をすることになった。幼く不《ふ》憫《びん》だと手放さなかった両親が、大空襲に遭い、決心したのだ。）

妹の出発が決まると、暗幕を垂らした暗い電灯の下で、母は当時貴重品になっていたキャラコで肌着を縫って名札を付け、①父はおびただしい葉書《はがき》にきちょうめんな筆で自分宛ての宛名を書いた。

「元気な日はマルを書いて、毎日一枚ずつポストに入れなさい。」

と言ってきかせた。妹は、まだ字が書けなかった。

宛名だけ書かれたかさ高な葉書の束をリュックサックに入れ、雑炊用の丼を抱えて、妹は遠足にでも行くようにはしゃいで出かけていった。

一週間ほどで、初めての葉書が着いた。②紙いっぱいはみ出すほどの、威勢のいい赤鉛筆の大マルである。付き添っていった人の話では、地元婦人会が赤飯やぼた餅を振る舞って歓迎してくださったとかで、かぼちゃの茎まで食べていた東京に比べれば大マルにちがいなかった。

ところが、次の日からマルは急激に小さくなっていった。情けない黒鉛筆の小マルは、ついにバツに変わった。その頃、少し離れた所に疎開していた上の妹が、下の妹に会いに行った。

下の妹は、校舎の壁に寄り掛かって梅干しの種をしゃぶっていたが、③姉の姿を見ると、種をぺっと吐き出して泣いたそうな。

④まもなくバツの葉書も来なくなった。三月目に母が迎えに行っ

2 ――線②「紙いっぱいはみ出すほどの、威勢のいい赤鉛筆の大マル」について答えなさい。

(1) よく出る 「紙いっぱい……赤鉛筆の大マル」には、妹のどのような様子が表れていますか。二十字以内で書きなさい。〔10点〕

(2) (1)のような様子になったのは、どのような体験をしたからですか。それがわかる部分を文章中から抜き出し、初めと終わりの五字を書きなさい。〔5点〕

～

(3) 「威勢のいい赤鉛筆の大マル」と対照的な表現を、文章中から十一字で抜き出しなさい。〔5点〕

3 ――線③「姉の姿を見ると、種をぺっと吐き出して泣いたそうな」とありますが、このとき、下の妹はどのような気持ちでしたか。次から一つ選び、記号で答えなさい。〔10点〕

ア 心配していた姉の無事がわかって、ほっとした。

イ 今まで会いに来てくれなかった姉に対して、不満が爆発した。

ウ ひもじい思いをしていたことを、姉に知られたくなかった。

エ 姉に会えて、こらえていたつらさが噴き出した。

漢字を読もう！ ①挨拶 ②肌着 ③他人行儀

←答えは左ページ

たとき、百日ぜきをわずらっていた妹は、しらみだらけの頭で三畳の布団《ふとん》部屋に寝かされていたという。

妹が帰ってくる日、私と弟は家庭菜園のかぼちゃを全部収穫した。⑤小さいのに手をつけると叱る父も、この日は何も言わなかった。私と弟は、ひと抱えもある大物からてのひらに載るうらなりまで、二十数個のかぼちゃを一列に客間に並べた。これぐらいしか妹を喜ばせる方法がなかったのだ。

夜遅く、出窓で見張っていた弟が、

「帰ってきたよ!」

と叫んだ。茶の間に座っていた父は、はだしで表へ飛び出した。防火用水桶《おけ》の前で、やせた妹の肩を抱き、⑥声を上げて泣いた。⑦私は父が、大人の男が声を立てて泣くのを初めて見た。

あれから三十一年。父はなくなり、妹も当時の父に近い年になった。だが、あの字のない葉書は、誰がどこにしまったのかそれともなくなったのか、私は一度も見ていない。

〔向田《むこうだ》 邦子《くにこ》「字のない葉書《はがき》」による〕

1 ——線①「父は……宛名を書いた」について答えなさい。

(1) 父が葉書に宛名を書いておいたのは、なぜですか。その理由がわかる一文を、文章中から抜き出しなさい。〔5点〕

(2) 父が妹に葉書を持たせたのは、何のためですか。〔10点〕

4 ——線④「まもなくバツの葉書も来なくなった。」とありますが、それはなぜですか。〔10点〕

5 ——線⑤「小さいのに手を……何も言わなかった。」とありますが、父が「何も言わなかった」のは、なぜですか。□に当てはまる言葉を、文章中から抜き出しなさい。〔5点〕

帰ってくる妹を□ためだとわかっていたから。

6 弟が、妹の帰りを待ちわびている様子が分かる表現を、文章中から九字で抜き出しなさい。〔5点〕

7 よく出る ——線⑥「声を上げて泣いた」とありますが、このときの父の気持ちを次から二つ選び、記号で答えなさい。10点×2〔20点〕

ア 幼い子につらい思いをさせてすまないという気持ち。

イ 疎開先から返されてきた我が子を情けなく思う気持ち。

ウ 我が子を空襲の危険にさらすことを不安に思う気持ち。

エ 我が子が無事に帰ってきたことに、安心する気持ち。

オ 葉書が役に立たなかったことを残念に思う気持ち。

8 やや難 ——線⑦「私は父が、大人の男が……初めて見た。」とありますが、このとき、「私」はどのような気持ちでしたか。〔15点〕

漢字で書こう! ①あいさつ ②はだぎ ③たにんぎょうぎ
答えは右ページ➡

言葉2 敬語
漢字2 同じ訓・同じ音をもつ漢字

確認

◆話題の中の人物や聞き手への敬意を表す表現を敬語という。敬意や改まった気持ちを表す場合に使う。
◆同じ訓・同じ音をもつ漢字の意味を考えて使い分ける。

5分間攻略ブック p.8

言葉2 テストに出る！ ココが要点

●敬語の種類

丁寧語…聞き手（読み手）に対して丁寧さを表す。

例……です／……ます／……（で）ございます

尊敬語…話題の中の動作・行為をする人に対して敬意を表す。

例先生がご説明になる。（先生の行為。先生に対して敬意を表す。）

謙譲語…動作・行為が向かう先に対して敬意を表す。

例私が先生にご説明する。（「私」の行為。行為が向かう先の先生に対して敬意を表す。）

●尊敬語・謙譲語の表現

	動詞	尊敬語	謙譲語
動詞全般に使える形		お（ご）～になる ～れる・られる	お（ご）～する
特定の形に変化する動詞	行く・来る	いらっしゃる おいでになる	参る・伺う
	いる	いらっしゃる おいでになる	おる
	言う・話す	おっしゃる	申す・申しあげる
	見る	ご覧になる	拝見する
	食べる	召しあがる	いただく
	する	なさる	いたす
	くれる	くださる	―
	もらう	―	いただく
	聞く	―	伺う・承る
	知る・思う	―	存じる

名詞	尊敬語	謙譲語
名詞全般に付く	（先生からの）お電話 ご提案	（先生への）お電話 ご提案
特定の名詞に付く	芳名 御社 貴国 尊顔	愚息 弊社 拙宅 粗茶

※美化語…誰に対する敬意でもなく、言葉を美しく表現するもの。

例お茶・ご飯

言葉2 テストに出る！ 予想問題

解答 p.6　20分　100点

1 ――線の敬語の種類を後から一つずつ選び、記号で答えなさい。　3点×8〔24点〕

① 先生のお話ⓐに登場されたⓑ林さんには、お会いしたⓒことがないですⓓ。

② 弊社ⓐの製品をご購入になったⓑ方に、ご感想ⓒを伺いⓓましょう。

ア　丁寧語
イ　尊敬語
ウ　謙譲語

	ⓐ	ⓑ	ⓒ	ⓓ
①				
②				

2 ――線を、尊敬語、または謙譲語を使った表現に直して書きなさい。　4点×4〔16点〕

① 恩師から本をもらう。
② 先生も駅に行くのですね。
③ 私がお客様に商品を届けます。
④ 田中様はお茶を飲みますか。

①	②
③	④

3 よく出る ――線の敬語の使い方が正しいものには○を書き、誤っているものは正しく直して書きなさい。　4点×6〔24点〕

① 市長が私をお待ちする。
② 私が先生の作品をご覧になる。
③ 日曜日にお宅へ参ります。
④ 父は三時にお戻りになります。

漢字を読もう！　①福祉　②倫理　③御社
←答えは左ページ

例題

1 ――線の敬語の種類を選びなさい。

① 市長が著書をくださる。（　　）
② 出口は右手でございます。（　　）
③ 後で校長室に伺う。（　　）

ア 丁寧語　イ 尊敬語
ウ 謙譲語

2 ――線を、【　】の敬語に直しなさい。

① 先生が生徒を呼ぶ。…【尊敬語】
② 生徒が先生を呼ぶ。…【謙譲語】

①（　　）
②（　　）

3 ――線の正しい敬語を選びなさい。

① 先生のお宅で果物を食べる。（　　）
② お客様が果物を食べる。（　　）

ア 召しあがる　イ くださる
ウ いただく

漢字２

テストに出る！
ココが要点

●同じ訓をもつ漢字の使い分け…その漢字を使った熟語を思い浮かべる。
例 暑《あつ》い夏（猛暑）―熱《あつ》い湯（熱湯）

●同じ読みをする熟語の使い分け…その漢字を使った他の熟語や訓を思い浮かべる。
例 再会《さいかい》（再び＋会う）／再開《さいかい》（再び＋開く）

答えと解説

1 ①イ　②ア　③ウ

①著書を「くれる」市長に対して敬意を表す。②丁寧な言葉遣い。③「行く」のは自分。「行く」先にいる相手に対して敬意を表す。

2 ①お呼びになる（呼ばれる）
②お呼びする

尊敬語は「お（ご）～になる」「～れる・られる」、謙譲語は「お（ご）～する」。

3 ①ウ　②ア

①は、果物を出してくれた相手に対して敬意を表す謙譲語。「いただく」は、「もらう」の謙譲語でもある。

---

⑤「おはようございます。」と、先生に挨拶をします。
⑥「体育館にいます。」と、田中先生が私たちに申しました。

4 やや難 ――線は敬語が重ねて使われています。正しく直して書きなさい。　6点×2〔12点〕

① 博士が新しい研究室をお使いになられる。
② 校長先生が昼食をお召しあがりなさる。

5 漢字２ よく出る ――線の平仮名を漢字に直して書きなさい。　2点×12〔24点〕

① A 解決をはかる。
　 B 審議会にはかる。
② A 手足をのばす。
　 B 決定を先にのばす。
③ A 自伝の筆をとる。
　 B 網で魚をとる。
④ A かんしょう的な気分になる。
　 B 弟の行動にかんしょうする。
⑤ A 病気がかいほうに向かう。
　 B 校庭を市民にかいほうする。
⑥ A 走者とへいこうして走る車。
　 B 両者のへいこうを保つ。

漢字で書こう！　①ふくし　②りんり　③おんしゃ
答えは右ページ➡

教科書 p.124〜p.131

モアイは語る——地球の未来

5分間攻略ブック p.10

要旨

◇モアイを作ったイースター島の文明は、森の消滅《しょうめつ》により崩壊した。地球が同じ運命をたどらないためには、資源を効率よく長期的に利用する方策を考える必要がある。

テストに出る！ **ココが要点**

モアイとヤシの森の関わり（教 p.126〜p.127）▶**例題**

●モアイを運ぶには**木のころ**が必要だが、木材は存在したのか。

[イースター島の堆積物を分析]
・ヤシの花粉の発見→**ヤシの森**があったことを示す。
・花粉の減少→森が**消滅**《しょうめつ》していったことを示す。

モアイが語る地球の未来（教 p.127〜p.129）▶**予想問題**

[森の消滅]→
・土壌が流失し、主食の栽培が困難。
・木で船が造れず、魚が捕れない。
→[食料危機]→[文明の崩壊]

●人類の生き延びる道…**有限**の資源を効率よく長期的に利用すること。

例題 モアイとヤシの森の関わり

それにしても、ラノ・ララクの石切り場から、数十トンもあるモアイをどのようにして海岸のアフまで運んだのだろうか。石ころだらけの火山島を十キロも二十キロも運ぶには、木のころが必要不可欠である。モアイを台座のアフの上に立てるときでも、支柱は必要だ。

しかし、現在のイースター島には、オーストラリアから持ってきて最近植栽したユーカリの木以外には、森は全くなく、広大な草原が広がっているだけである。モアイが作られた時代、①**モアイの運搬に必要な木材**は存在したのだろうか。

②**この謎**を解決したのが、私たちの研究だった。私はニュージーランドのマセイ大学J・フレンリー教授と共に、イースター島の火口湖にボーリングをして堆積物を採取し、堆積物の中に含まれている花粉の化石を

1 最初にどのような問題提起をしていますか。

石切り場から海岸まで、どのようにして（　　　）を（　　　）のか。

2 ——線①とは、何のことですか。

モアイを運ぶための［　　　　］のこと。

3 ——線②とは、どのような謎ですか。

現在のイースター島には［　］は全くないが、モアイが作られた時代には［　　］が存在したのか、という謎。

答えと解説

1 モアイ・運んだ

冒頭の一文が問題提起で、四段落目の「**島の人々は……運んだのであろう。**」が答え。

2 木のころ

前の段落に「**木のころが必要不可欠**」と、モアイの運搬に必要なものが書かれている。

3 森・木材

直前の文が問いかけの形になっていることに着目する。現在のイースター島には森が全くないことから生まれた疑問だ。

分析してみた。すると、③**イースター島にポリネシア人が移住した五世紀頃の土の中から、ヤシの花粉が大量に発見された**のだ。このことは、人間が移住する前のイースター島が、ヤシの森に覆われていたことを示している。

まっすぐに成長するヤシの木は、モアイを運ぶためのころには最適だ。島の人々はヤシの木をころとして使い、完成したモアイを海岸まで運んだのであろう。

私たちの花粉分析の結果から、もう一つの事実も浮かび上がってきた。④**ヤシの花粉の量は、七世紀頃から、徐々に減少していき**、代わってイネ科やタデ科などの草の花粉と炭片が増えてくる。このことは、ヤシの森が消滅《しょうめつ》していったことを物語っている。人口が増加する中で家屋の材料や日々の薪、それに農耕地を作るために伐採されたのだろう。さらに、モアイの製造が始まると運搬用のころや支柱としても使われるようになり、森がよりいっそう破壊されていったのだと考えられる。

ラノ・ララクの石切り場からは、未完成のモアイ像が約二百六十体も発見された。なかには作りかけの二百トン近い巨像もあった。運ぶ途中で放棄されたモアイも残されている。おそらく森が消滅した結果、海岸までモアイを運ぶことができなくなったのであろう。

〔安田《やすだ》 喜憲《よしのり》「モアイは語る――地球の未来」による〕

4 よく出る ――線③から、どのようなことがわかりましたか。

（　　　）が移住する前のイースター島が、（　　　）に覆われていたこと。

5 ――線④から、何がどうなったことがわかりますか。抜き出しなさい。

（　　　）

6 よく出る **5**の原因に当てはまらないものを選びなさい。

ア　モアイの運搬にヤシの木が使われた。
イ　農耕地を作るために森が伐採された。
ウ　他の植物が増え、ヤシが育たなくなった。
エ　家屋の材料や日々の薪にヤシの木が使われた。

（　）

7 未完成のモアイや放棄されたモアイがあったのはなぜだと考えられますか。選びなさい。

ア　人々の生活の変化により、モアイを製造しなくなり、運ぶのも放棄したから。
イ　森の消滅により、モアイの運搬用の木材がなくなり、製造もしなくなったから。
ウ　森の消滅により人口が減少し、モアイの製造や運搬ができなくなったから。

（　）

4 人間・ヤシの森

ヤシの花粉が大量にあったということは、つまり**ヤシの木が大量にあった、ヤシの森があったということの証拠**になる。

5 ヤシの森が消滅していったこと

花粉の量が減少したのだから、**ヤシの木が少なくなった**ということ。

6 ウ

ヤシの森が消滅していった原因は、「**家屋の材料や日々の薪**、それに**農耕地を作るため**に伐採された」の部分と、「**運搬用のころや支柱としても使われる**ようになり」の部分に書かれている。

7 イ

「おそらく森が消滅した結果、……できなくなったのであろう。」と、**モアイが運ぶ途中で放棄された原因は森の消滅だと推測**している。未完成のモアイ像があったのも、完成したモアイが運べなくなったので、それ以上製造することをやめたからだと考えられる。

漢字で書こう！　①ひんぱつ　②きょだい　③さいばい
答えは右ページ➡

テストに出る！

予想問題

次の文章を読んで、問題に答えなさい。

解答 p.6

30分

100点

では、モアイを作った文明は、いったいどうなったのだろうか。

かつて島が豊かなヤシの森に覆われていた時代には、土地も肥え、バナナやタロイモなどの食料も豊富だった。しかし、森が消《しょう》滅《めつ》するとともに、豊かな表層土壌が雨によって侵食され、流失してしまった。火山島はただでさえ岩だらけだ。その島において、表層土壌が流失してしまうと、もう主食のバナナやタロイモを栽培することは困難となる。おまけに木がなくなったため船を造ることもままならなくなり、たんぱく源の魚を捕ることもできなくなった。

こうして、イースター島はしだいに食料危機に直面していくことになった。その過程で、イースター島の部族間の抗争も頻発した。そのときに倒され破壊されたモアイ像も多くあったと考えられている。そのような経過をたどり、イースター島の文明は崩壊してしまった。モアイも作られることはなくなった。①文明を崩壊させた根本的原因は、森の消滅にあったのだ。千体以上のモアイの巨像を作り続けた文明は、十七世紀後半から十八世紀前半に崩壊したと推定されている。

イースター島のこのような運命は、私たちにも無縁なことではない。

日本列島において文明が長く繁栄してきた背景にも、国土の七十パーセント近くが森で覆われているということが深く関わっ

1 よく出る ——線①「文明を……森の消滅にあった」とありますが、森の消滅からどのようにして文明は崩壊へ向かったのですか。□に当てはまる言葉を、文章中から抜き出しなさい。 4点×5〈20点〉

豊かな ⓐ□ が流失し、主食の ⓑ□ が困難となった。また、木がないため ⓒ□ を造れず、ⓓ□ も捕れなくなった。こうして ⓔ□ に直面し、文明は崩壊へ向かった。

2 ——線②「森林は、文明を守る生命線なのである。」とは、ここではどういうことですか。次から一つ選び、記号で答えなさい。〈10点〉

ア 森林のない所には、文明は生まれないということ。
イ 森林がなくなると、文明は存立できなくなるということ。
ウ 森林の力が、地球の活動を維持しているということ。
エ 森林の減少に従って、文明が発達していくということ。

□

3 ——線③「いかに現代という時代が異常な時代であるか」とありますが、現代では何が起きているのですか。文章中から十六字で抜き出し、初めと終わりの五字を書きなさい。〈10点〉

□□□□□ ～ □□□□□

4 ——線④「このまま人口の増加が……九十億を超えるだろう」とありますが、このとき、どのようになる危険性が大きいと筆者は考えていますか。文章中から抜き出しなさい。〈10点〉

□

漢字を読もう！ ①運搬 ②徐々に ③放棄
←答えは左ページ

ている。日本列島だけではない。地球そのものが、森によって支えられているという面もある。②森林は、文明を守る生命線なのである。

現代の私たちは、地球始まって以来の異常な人口爆発の中で生きている。一九五〇年代に二十五億足らずだった地球の人口は、半世紀もたたないうちに、その二倍の五十億を突破してしまった。③イースター島の急激な人口の増加は、百年に二倍の割合であったから、いかに現代という時代が異常な時代であるかが理解できよう。

④このまま人口の増加が続いていけば、二〇三〇年には八十億を軽く突破し、二〇五〇年には九十億を超えるだろうと予測される。しかし、地球の農耕地はどれほど耕しても二十一億ヘクタールが限界である。そして、二十一億ヘクタールの農耕地で生活できる地球の人口は、八十億がぎりぎりである。食料生産に関しての革命的な技術革新がないかぎり、地球の人口が八十億を超えたとき、食料不足や資源の不足が恒常化する危険性は大きい。

絶海の孤島のイースター島では、森林資源が枯渇《こかつ》し、島の住民が飢餓に直面したとき、どこからも食料を運んでくることができなかった。⑤地球も同じである。⑥広大な宇宙という漆黒の海にぽっかりと浮かぶ青い生命の島、地球。その森を破壊し尽くしたとき、その先に待っているのはイースター島と同じ飢餓地獄である。とするならば、私たちは、今あるこの有限の資源をできるだけ効率よく、長期にわたって利用する方策を考えなければならない。それが、⑦人類の生き延びる道なのである。

〔安田《やすだ》 喜憲《よしのり》「モアイは語る――地球の未来」による〕

5 ――線⑤「地球も同じである。」とありますが、Ⅰ…どこと、Ⅱ…どのような点が同じなのですか。□に当てはまる言葉を書きなさい。 5点×3〔15点〕

Ⅰ [　　　]

Ⅱ ⓐ[　　　]とき、ⓑ[　　　]ができない点。

6 ――線⑥「広大な宇宙という漆黒の海にぽっかりと浮かぶ青い生命の島」という表現は、地球のどのような状態をたとえていますか。次から一つ選び、記号で答えなさい。〔10点〕

ア 多くの謎に包まれている状態。

イ 宇宙の中心にある状態。

ウ 周囲から孤立した状態。

エ 生命力にあふれている状態。

[　　　]

7 よく出る ――線⑦「人類の生き延びる道」とは、どうすることだと筆者は述べていますか。〔15点〕

[　　　]

8 やや難 この文章を大きく二つに分け、後半部分の初めの八字を書きなさい。〔10点〕

[　　　　　　　　]

漢字で書こう! ①うんぱん ②じょじょ(に) ③ほうき
答えは右ページ➡

月夜の浜辺

主題

◇月夜の浜辺でボタンを見つけた「僕」は、捨てることができずに袂《たもと》に入れる。取るに足りないボタンに心を引かれ、愛着を感じる気持ちが表されている。

5分間攻略ブック p.11

テストに出る！

ココが要点

詩の形式とリズム

●六連から成る。

●七音と五音の組み合わせが、詩のリズムの基本となっている。

作者

●作者…中原中也《なかはらちゅうや》

●代表作…「山羊《やぎ》の歌」・「在《あ》りし日の歌」

表現技法

●反復…同じ言葉を繰り返す。

例 月夜の晩に、ボタンが一つ／波打際《なみうちぎは》に、落ちてゐた。

●対句…言葉を形や意味が対応するように並べる。

例 月に向つてそれは抛《はふ》れず／浪《なみ》に向つてそれは抛れず

テストに出る！

予想問題

解答 p.7

30分 100点

◇ 次の詩を読んで、問題に答えなさい。

月夜の浜辺　　中原《なかはら》 中也《ちゅうや》

月夜の晩に、ボタンが一つ
波打際《なみうちぎは》に、落ちてゐた。

2 この詩の特徴に当てはまるものを次から一つ選び、記号で答えなさい。〔10点〕

ア 体言止めを多く用いることで、一定のリズムを生んでいる。
イ 語順を変えて表現することで、一定のリズムを生んでいる。
ウ 同じ音数や同じ言葉の反復で、一定のリズムを生んでいる。
エ 連の行数をそろえることで、一定のリズムを生んでいる。

□

3 この詩で、「僕」は何を見つけましたか。□に当てはまる言葉を詩の中から抜き出しなさい。　5点×2〔10点〕

ⓐ□□□に落ちていた、一つのⓑ□□□。

4 第一連の情景は、どのような印象を与えますか。次から一つ選び、記号で答えなさい。〔10点〕

ア 華やかで幸せそうな印象。
イ 幻想的で静かな印象。
ウ 荒々しくて激しい印象。
エ 爽やかで晴れ晴れとした印象。

□

5 ――線①「月に向つてそれは抛れず／浪に向つてそれは抛れず」について答えなさい。

(1) よく出る ここで使われている表現技法を次から一つ選び、記号で答えなさい。〔10点〕

漢字を読もう！ ①浜辺　②僕　③忍ぶ
←答えは左ページ

それを拾つて、役立てようと
僕は思つたわけでもないが
なぜだかそれを捨てるに忍びず
僕はそれを、袂《たもと》に入れた。

月夜の晩に、ボタンが一つ
波打際に、落ちてゐた。

それを拾つて、役立てようと
僕は思つたわけでもないが
①月に向つてそれは抛《はふ》れず
浪《なみ》に向つてそれは抛れず
僕はそれを、袂に入れた。

月夜の晩に、拾つたボタンは
指先に沁《し》み、心に沁みた。

月夜の晩に、拾つたボタンは
②どうしてそれが、捨てられようか？

1 この詩の形式について、[　]に当てはまる言葉を書きなさい。　5点×2〔10点〕

ⓐ[　　]で書かれたⓑ[　]連から成る詩。

ア 比喩　**イ** 擬人法
ウ 倒置　**エ** 対句　[　]

(2) この部分と同じ気持ちを表している部分を、詩の中から十四字で抜き出しなさい。〔10点〕

6 拾ったボタンに、深く心を動かされた様子を表している一行を、詩の中から抜き出しなさい。〔10点〕

7 やや難 ——線②「どうしてそれが、捨てられようか？」の後に文を続けるとすると、どのような表現が適切ですか。次の言葉に続けて書きなさい。〔15点〕

いや、[　　]

8 よく出る この詩に描かれている作者の思いとして適切なものを次から一つ選び、記号で答えなさい。〔15点〕

ア 海に流されずに残ったボタンに、希望を感じている。
イ 美しく価値のありそうなボタンに、憧れを感じている。
ウ 一見無用なものに思えるボタンに、愛着を感じている。
エ 誰の役にも立たないボタンに、むなしさを感じている。　[　]

漢字で書こう！　①はまべ　②ぼく　③しの(ぶ)
答えは右ページ➡

平家物語　扇の的――「平家物語」から

テストに出る！

ココが要点

作品

- 成立…**鎌倉時代**
- 作者…信濃前司《しなののぜんじ》行長《ゆきなが》といわれるが、不明。
- 種類…**軍記物語**
- 内容…約五十年にわたる**平家一門**の興亡のありさまを描く。古代から中世へと移り変わる社会の動きや**武士**の姿を描き出している。
- 思想…人生をはかないものとする仏教の**無常観**が基調。

文章の特徴

- **漢語**を巧みに交えた文章には、独特の調子とリズムがあり、**琵琶《びわ》法師**の語る「**平曲《へいきょく》**（**平家琵琶**）」として民衆に広まった。
- **対句**や反復、七五調の表現、擬声語が多く使われている。

例 沖には平家、ふなばたをたたいて感じたり、
　陸《くが》には源氏、えびらをたたいてどよめきけり。
　（対句）

主題

◇「扇の的」は、源氏の名誉を懸けた難題に死を覚悟して臨む与一《よいち》の心情や見事に扇を射落とす様子の華々しさ、賞賛した平家方の武士を射殺す非情さを描いている。

⇨5分間攻略ブック p.11／p.16

例題　平家物語

◇冒頭部分◇

①**祇園精舎《ぎをんしやうじや》の鐘の声**、諸行無常《しよぎやう》の響きあり。沙羅双樹《しやらさうじゆ》の花の色、②**盛者必衰《じやうしやひつすい》**の理《ことわり》をあらはす。おごれる人も久しからず、ただ③**春の夜《よ》の夢**のごとし。たけき者もつひには滅《ほろ》びぬ、ひとへに風の前の塵《ちり》に同じ。

〔「平家物語」による〕

◇扇の的◇

ころは二月《にんぐわつ》十八日の酉《とり》の刻ばかりのことなるに、をりふし④**北風激しくて、磯《いそ》打つ波も高かりけり**。舟は、揺り上げ揺りすゑ漂へば、扇もくしに定まらずひらめ

1 ――線①と対句になっている部分を抜き出しなさい。

（　　　　　　）

2 ――線②の意味を選びなさい。

ア　栄える者もいれば滅びる者もいること。
イ　栄える者は滅びることはないこと。
ウ　栄える者は必ず滅びること。（　）

3 ――線③がたとえているものを選びなさい。

ア　はかないもの。
イ　わずかなもの。
ウ　役に立たないもの。（　）

答えと解説

1 沙羅双樹の花の色

――線①を含む**一つ目の文と二つ目の文、三つ目の文と四つ目の文**が、それぞれ対句になっている。

2 ウ

「盛者」（栄える者）が栄え続けることはないというのが、**無常観**である。

3 ア

「夢」は、**目覚めるとともに消えてしまう**、短くはかないものである。

漢字を読もう！　①堪える　②突如　③扇

←答えは左ページ

いたり。⑤**沖には平家、舟を一面に並べて見物す**。陸《くが》にいは源氏、くつばみを並べてこれを見る。いづれもいづれも⑥**晴れならずといふことぞなき**。与一《よいち》目をふさいで、

「南無八幡大菩薩《なむはちまんだいぼさつ》、我が国の神明《しんめい》、日光《につくわう》の権現《ごんげん》、宇都宮《うつのみや》、那須《なす》の湯泉大明神《ゆぜんだいみやうじん》、願はくは、あの扇の真ん中射させてたばせたまへ。これを射損ずるものならば、弓切り折り自害して、人に二度《ふたたび》面《おもて》を向かふべからず。いま一度《いちど》本国へ迎へんとおぼしめさば、この矢はづさせたまふな。」

と心のうちに祈念して、目を見開いたれば、風も少し吹き弱り、扇も射よげにぞなつたりける。

　与一、かぶらを取つてつがひ、よつぴいてひやうど放つ。小兵《こひやう》といふぢやう、十二束三伏《そくみつぶせ》、弓は強し、浦響くほど長鳴りして、あやまたず扇の要《かなめ》ぎは一寸ばかりおいて、ひいふつとぞ射切つたる。かぶらは海へ入りければ、扇は空へぞ上がりける。しばしは虚空《こくう》にひらめきけるが、春風に一《ひと》もみ二《ふた》もみもまれて、海へさつとぞ散つたりける。夕日のかかやいたるに、みな紅《くれなゐ》の扇の日出《い》だしたるが、白波の上に漂ひ、浮きぬしづみぬ揺られければ、沖には平家、ふなばたをたたいて感じたり、陸には源氏、えびらをたたいてどよめきけり。

（「扇の的――『平家物語』から」による）

4 ――線④の「北風」と「磯」の後に補うことができる助詞を、平仮名一字で書きなさい。

北風…□　磯…□

5 よく出る ――線⑤と対句になっている文を抜き出しなさい。

（　　　）

6 ――線⑥の意味を選びなさい。

ア　心はいっこうに晴れ晴れとしない
イ　まことに晴れがましい情景である
ウ　全く晴れがましさは感じられない

（　　）

7 よく出る 与一の武士としての覚悟が表れている一文を抜き出し、初めの五字を書きなさい。

□□□□□

8 見事に扇を射た与一に対し、平家と源氏はどう反応しましたか。抜き出しなさい。

平家…（　　　）
源氏…（　　　）

---

4 北風…が(は)　磯…を(に)

古文では、**助詞が省略されている場合が多い**。「～が」「～を」のように、助詞を補いながら読む。

5 陸には源氏、くつばみを並べてこれを見る(。)

沖の平家と陸の源氏の様子を、対句で印象的に表している。

6 イ

直訳すると、「晴れがましくないということはない」。否定の表現が二つ重なっているので、**強い肯定の意味**になる。

7 これを射損

平家からの挑発を受けて立った義経《よしつね》の命令で、与一は的に向かっている。味方の期待を一身に背負い、**命懸けの心境**でいるのだ。

8 平家…ふなばたをたたいて感じたり(、)
源氏…えびらをたたいてどよめきけり(。)

最後の部分で、沖にいる平家と陸にいる源氏がそれぞれに**感動している様子**を、**対句**で表している。

漢字で書こう!　①た(える)　②とつじょ　③おうぎ
答えは右ページ➡

テストに出る！

予想問題

解答 p.7

30分

100点

1 次の文章を読んで、問題に答えなさい。

祇園精舎《ぎをんしやうじや》の鐘の声、①諸行《しよぎやう》無常の響きあり。沙羅双樹《しやらさうじゆ》の花の色、②盛《じやう》者必衰《しやひつすい》の理《ことわり》をあらはす。おごれる人も久しからず、ただ③春の夜《よ》の夢のごとし。たけき者もつひには滅《ほろ》びぬ、ひとへに風の前の塵《ちり》に同じ。

〔「平家物語」による〕

1 よく出る ――線①「諸行無常」とは、どのような意味ですか。次から一つ選び、記号で答えなさい。〔7点〕

ア 一つ一つの物事は、一生に一回限りである。
イ その時々の場面の変化に応じて、適切な処置を施す。
ウ 自然はそのままの姿で、いつまでも存在し続ける。
エ あらゆるものは、常に移り変わっていくものである。

2 ――線②「盛者必衰」を言い換えている部分を、文章中から二つ、それぞれ十二字以内で抜き出しなさい。4点×2〔8点〕

3 ――線③「春の夜の夢」と同じように、はかないもののたとえとして使われている言葉を、文章中から抜き出しなさい。〔8点〕

1 〰〰線ⓐ～ⓓを現代仮名遣いに直し、全て平仮名で書きなさい。3点×4〔12点〕

ⓐ	ⓒ
ⓑ	ⓓ

2 ――線①「ひやうど」と同じように矢の音を表す擬声語を次から二つ選び、記号で答えなさい。3点×2〔6点〕

ア よつぴいて　イ ひいふつと
ウ さつと　エ ひやうふつと

3 ――線②「小兵といふぢやう」の意味を次から一つ選び、記号で答えなさい。〔5点〕

ア 小柄な武者であるために
イ 小柄な武者とはいいながら
ウ 小柄な武者といえば
エ 小柄な武者と違って

4 ――線③「かぶらは海へ入りければ」と対句になっている部分を、文章中から抜き出しなさい。〔5点〕

5 ――線④「散つたりける」の主語を書きなさい。〔5点〕

6 よく出る ――線⑤「沖には平家、ふなばたをたたいて感じたり」とありますが、敵の平家が「ふなばたをたたい」たのは、どのような気持ちからですか。次から一つ選び、記号で答えなさい。〔8点〕

漢字を読もう！ ①嘲笑　②漂う　③僅か
←答えは左ページ

2 次の文章を読んで、問題に答えなさい。

ⓑ与一《よいち》、かぶらを取つてⓐつがひ、よつぴいて①ひやうど放つ。②小兵《こひやう》といふぢやう、十二束三伏《そくみつぶせ》、弓は強し、浦響くほど長鳴りして、あやまたず扇のⓒ要《かなめ》ぎは一寸ばかりおいて、ひいふつとぞ射切つたる。③かぶらは海へ入りければ、扇は空へぞ上がりける。しばしは虚空《こくう》にひらめきけるが、春風に一《ひと》もみ二《ふた》もみもまれて、海へさつとぞ④散つたりける。夕日のかかやいたるに、みな紅《ぐれなゐ》の扇の日出《い》だしたるが、白波の上に漂ひ、浮きぬしづみぬ揺られければ、⑤沖には平家、ふなばたをたたいて感じたり、陸《くが》には源氏、えびらをたたいてどよめきけり。

あまりのおもしろさに、感に堪へざるにやとおぼしくて、舟のうちより、⑥年五十ばかりなる男《をのこ》の、黒革をどしの鎧《よろひ》着て、白柄《しらえ》の長刀《なぎなた》持つたるが、扇立てたりける所に立つて舞ひしめたり。伊勢《いせ》の三郎義盛《さぶらうよしもり》、与一が後ろへ歩ませ寄つて、

⑦「御定《ごぢやう》ぞ、つかまつれ。」

と言ひければ、今度は中差《なかざし》取つてうちくはせ、よつぴいて、しや頸《くび》の骨をⓓひやうふつと射て、舟底へ逆さまに射倒す。平家の方《かた》には音もせず、源氏の方にはまたえびらをたたいてどよめきけり。

「あ、射たり。」

と言ふ人もあり、また、

⑧「情けなし。」

と言ふ者もあり。

〔「扇の的――『平家物語』から」による〕

ア 扇の紅《くれない》と波の白の対比の美しさに感動を抑えられない気持ち。

イ 与一の弓の腕前が予想を下回ったので、冷やかす気持ち。

ウ 与一の弓の腕前の見事さに感嘆《かんたん》し、ほめたたえる気持ち。

エ 与一に見事に扇を射られ、悔しくてたまらない気持ち。

［　　］

7 ――線⑥「年五十ばかりなる男」が舞い始めたのはなぜだと考えられますか。現代語で簡潔に書きなさい。〔10点〕

［　　］

8 ――線⑦「御定ぞ、つかまつれ。」について答えなさい。

(1) 誰が誰に言った言葉ですか。 4点×2〔8点〕

ⓐ［　　］がⓑ［　　］に。

(2) やや難 「御定」とは、どのような命令でしたか。現代語で具体的に書きなさい。〔10点〕

［　　］

9 よく出る ――線⑧「情けなし。」と言った人は、なぜそのように言ったのですか。次から一つ選び、記号で答えなさい。〔8点〕

ア 与一の腕前をしつこく強調することは、風流ではないから。

イ 感動を舞で表そうとした男を殺したのは、あまりに非情だから。

ウ 男が舞で挑発したことに、武士のほこりが傷つけられたから。

エ 無防備に舞う敵しか殺せないのは、武士として未熟だから。

［　　］

漢字で書こう！ ①ちょうしょう ②ただよ(う) ③わず(か)
答えは右ページ➡

教科書 p.158〜p.161

仁和寺《にんなじ》にある法師——「徒然草《つれづれぐさ》」から

主題

◆「徒然草」は、自然や人間に対する鋭い観察や深い思索の中に、無常観が表された作品。「仁和寺にある法師」では、法師の勘違いに対する作者の考えが述べられている。

5分間攻略ブック p.11／p.17

テストに出る！

ココが要点

係り結び

●働き…作者や登場人物の感動や疑問の気持ちなどを、より強調する。

●用法…強調する部分に係りの助詞が付き、文末（結びの部分）の語の形が変わる。

●係りの助詞…（疑問を強調）や・か（感動を強調）ぞ・なむ・こそ

例「山までは見ず。」とぞ言ひける。（……の部分を強調）
係りの助詞↗　↖元の形は「けり」

作品

●成立…鎌倉時代の末　●作者…兼好法師《けんこうほうし》（歌人・知識人）

●種類…随筆文学（「枕草子《まくらのそうし》」と並ぶ日本の代表的な作品。）

例題　序段・仁和寺《にんなじ》にある法師

◆序段◆

①**つれづれなるままに**、日暮らし、硯《すずり》に向かひて、心にうつりゆくよしなし事を、そこはかとなく書きつくれば、②**あやしうこそものぐるほしけれ**。

〔「仁和寺《にんなじ》にある法師——『徒然草《つれづれぐさ》』から」による〕

1 ——線①・②の意味を選びなさい。

①
ア　忙しくて時間がないのに任せて
イ　寂しくてつらいのに任せて
ウ　することがなく退屈《たいくつ》なのに任せて

②
ア　妙にいらいらすることだ
イ　妙に心騒ぎがすることだ
ウ　妙に楽しい気分になることだ

①（　　）②（　　）

2 よく出る ——線②は、「こそ」という係りの助詞があることで、文末の語の形が変化しています。この表現を何と言いますか。

（　　）

答えと解説

1 ①ウ　②イ

①の「**つれづれ**なる」から、「徒然草」という名前がついたので、特に注意して意味を覚えておく。②**「徒然草」を書いているときの作者の心情**を表した言葉である。ここの「あやしう」は、「妙に」「不思議と」の意味を表す。

2 係り結び

「**や・か・ぞ・なむ・こそ**」が文中にあると、係り結びになる。文末は「ものぐるほし」→「ものぐるほしけれ」と変わっている。

漢字を読もう！　①勝る　②冒頭　③鋭い
←答えは左ページ

◈仁和寺にある法師◈

仁和寺にある法師、年寄るまで石清水《いはしみづ》を拝まざりければ、③**心うく覚えて**、あるとき思ひたちて、ただ一人、徒歩《かち》より詣でけり。極楽寺《ごくらくじ》・高良《かうら》などを拝みて、かばかりと心得て帰りにけり。

さて、④**かたへの人**にあひて、「⑤**年ごろ**思ひつること、果たしはべりぬ。聞きしにも過ぎて、尊《たふと》くこそおはしけれ。そも、参りたる人ごとに山へ登りしは、何事かありけん、ゆかしかりしかど、神へ参るこそ本意《ほい》なれと思ひて、山までは見ず。」とぞ⑥**言ひける**。

少しのことにも、⑦**先達**《せんだち》はあらまほしきことなり。

〔「仁和寺にある法師――『徒然草』から」による〕

3 ――線③とありますが、どのようなことを「心うく覚えて」いたのですか。

[　]を取るまで[　　　]を拝みに行ったことがなかったこと。

4 ――線④・⑤・⑦の意味を選びなさい。

④ ア 仲間　イ 作者　ウ 家族

⑤ ア 長年の間　イ 最近になって　ウ 年を取ってから

⑦ ア 幅広い知識をもっている人　イ いっしょに行う人　ウ その道の先導者

④（　）⑤（　）⑦（　）

5 ――線⑥の主語に当たる言葉を、文章中から抜き出しなさい。

（　　　）

6 よく出る 「仁和寺にある法師」で、作者が感想を述べている部分を一文で抜き出し、初めの五字を書きなさい。

[　　　　　]

---

3 年・石清水

「**心うく覚えて**」は、「**残念なことに思われて**」の意味。「年寄るまで石清水を拝まざりければ」が、「心うく覚えて」いた理由に当たる。

4 ④ア　⑤ア　⑦ウ

④「そばにいる人」の意味から、「仲間」の意味を表す。⑤「**何年もの間**」の意味。「何か月もの間」は「月ごろ」、「何日もの間」は「日ごろ」という。⑦ここでは「その道の先導者。案内役」の意味。したがって、最後の一文の意味は、「**ちょっとしたことでも、その道の先導者はあってほしいものである。**」となる。

5 （仁和寺にある）法師

「**仁和寺にある法師**」**が、**「**かたへの人**」**に向かって、**「年ごろ……山までは見ず。」と言ったのだ。

6 少しのこと

最後の一文が、作者の感想を述べた部分。**仁和寺にある法師の失敗談を記した後、作者の感想を述べるという構成**になっている。

漢字で書こう! ①まさ(る)　②ぼうとう　③するど(い)

答えは右ページ➡

テストに出る！

予想問題

解答 p.8　30分　/100点

1 次の文章を読んで、問題に答えなさい。

つれづれなるままに、①日暮らし、硯《すずり》に向かひて、心にうつりゆく②よしなし事を、そこはかとなく書きつくれば、ⓐあやしうこそⓑものぐるほしけれ。

〔「仁和寺《にんなじ》にある法師――『徒然草《つれづれぐさ》』から」による〕

1 「徒然草」について答えなさい。

(1) どんな種類の作品ですか。□に当てはまる言葉を書きなさい。〔5点〕

□文学

(2) 「徒然草」と同じ種類の古典作品を次から一つ選び、記号で答えなさい。〔5点〕

ア 枕草子《まくらのそうし》　**イ** 万葉集

ウ 竹取《たけとり》物語　**エ** 平家物語

□

2 ～～線ⓐ「あやしう」、～～線ⓑ「ものぐるほしけれ」を現代仮名遣いに直しなさい。5点×2〔10点〕

ⓐ

ⓑ

3 ――線①「日暮らし」、――線②「よしなし事」の意味を、それぞれ書きなさい。5点×2〔10点〕

---

1 ==線ⓐ「心うく覚えて」、==線ⓑ「ゆかしかりしかど」の意味をそれぞれ次から一つずつ選び、記号で答えなさい。5点×2〔10点〕

ⓐ「心うく覚えて」

ア 不安な気持ちになって

イ 元気になれないと思って

ウ つまらないと思えてきて

エ 残念なことに思われて

□

ⓑ「ゆかしかりしかど」

ア 話したかったけれど

イ 参りたかったけれど

ウ 知りたかったけれど

エ 帰りたかったけれど

□

2 ～～線「尊くこそおはしけれ」は係り結びになっています。Ⅰ…係りの助詞、Ⅱ…結びの部分、Ⅲ…係り結びによって強調されている部分を、それぞれ抜き出しなさい。5点×3〔15点〕

Ⅰ　Ⅱ　Ⅲ

3 よく出る ――線①「かばかりと心得て」とは、どういうことですか。□に当てはまる言葉を、文章中から抜き出しなさい。5点×2〔10点〕

ⓐ□を挟んで、ⓑ□はこれだけのものだと思い込んだということ。

①

②

4 よく出る この文章に表されている作者の気持ちを次から一つ選び、記号で答えなさい。〔5点〕

ア 後の世の人の役に立つように、立派な文書を書き残していこう。

イ 特に目的もなく、心に浮かぶことを自由に書いていこう。

ウ 印象に残った出来事を、自分の感想を交えて書いていこう。

エ 日々の出来事をできるだけ細かく、正確に書き残していこう。

2 次の文章を読んで、問題に答えなさい。

仁和寺《にんなじ》にある法師、年寄るまで石清水《いはしみづ》を拝まざりければ、ⓐ心うく覚えて、あるとき思ひたちて、ただ一人、徒歩《かち》より詣でけり。極楽寺《ごくらくじ》・高良《かうら》などを拝みて、①かばかりと心得て帰りにけり。

さて、かたへの人にあひて、「②年ごろ思ひつること、果たしはべりぬ。聞きしにも過ぎて、尊《たふと》くこそおはしけれ。そも、③参りたる人ごとに山へ登りしは、何事かありけん、ⓑゆかしかりしかど、神へ参るこそ本意《ほい》なれと思ひて、④山までは見ず。」とぞ言ひける。

少しのことにも、先達《せんだち》はあらまほしきことなり。

〔「仁和寺にある法師――『徒然草』から」による〕

4 ――線②「年ごろ思ひつること」とありますが、具体的にはどのようなことですか。現代語で書きなさい。〔6点〕

5 よく出る ――線③「参りたる人ごとに山へ登りし」とありますが、人々が山へ登っていたのは、なぜですか。理由を次から一つ選び、記号で答えなさい。〔6点〕

ア 山の上に何があるのかを確かめるため。

イ 山の上にいる先達に会うため。

ウ 山の上から美しい風景を眺めるため。

エ 山の上にある石清水に参るため。

6 ――線④「山までは見ず」とありますが、その理由が書かれている部分を、文章中から抜き出しなさい。〔6点〕

7 「仁和寺にある法師」の話のこっけいさは、どのようなところにありますか。次から一つ選び、記号で答えなさい。〔6点〕

ア 勘違いを指摘されても、法師が行いを正さないところ。

イ 法師が自分の勘違いに気づかず、満足しているところ。

ウ 多くの人が、法師と同じ勘違いをしているところ。

エ 話を聞いた人が、法師の勘違いを指摘しないところ。

8 やや難 作者は、「仁和寺にある法師」の話を通して、どのように考えましたか。現代語で書きなさい。〔6点〕

漢字で書こう! ①かんちが(い) ②こころさわ(ぎ) ③みょう
答えは右ページ➡

教科書 p.162～p.168

漢詩の風景

主題

◇「春暁《しゅんぎょう》」…春の明け方ののどかな気分、「絶句」…異郷の春に思う望郷の悲しみ、「黄鶴楼《こうかくろう》にて……」…旅立つ友との別離の悲しみ、「春望」…戦乱の続く世へのなげき。

5分間攻略ブック p.11／p.17

テストに出る！
ココが要点

漢詩の形式と構成法

● 絶句…四句から成る。一句が五字は五言《ごごん》絶句、七字は七言《しちごん》絶句。
● 律詩…八句から成る。一句が五字は五言律詩、七字は七言律詩。
● 絶句の構成
＝起承転結（各句が役割をもつ）

起句	第一句	歌い起こし
承句	第二句	起句を承《う》けて展開
転句	第三句	場面の転換
結句	第四句	全体を締めくくる

漢文の読み方

● 訓読文…漢文に送り仮名や返り点を付けたもの。例 不《ず》レ覚エ暁ヲ
● 書き下し文…漢字仮名交じり文に書き改めたもの。例 暁を覚えず
● 返り点…読む順序を示す記号。
レ点…下の一字から、すぐ上の一字に返って読む。 2レ 1
一・二点…二字以上を隔てて、上に返って読む。 3二 1 2一
● 送り仮名…漢字の右下に片仮名（歴史的仮名遣い）で書かれた文字。

例題 漢詩の風景

◇春暁《しゅんぎょう》◇
春暁《しゅんげう》　　孟浩然《まうかうねん》

春眠［　　］
処処［　　］
夜来風雨の声
③**花落つること知る多少**

春眠①**不《ず》レ覚エ暁ヲ**
処処②**聞ク二啼《てい》鳥《てう》ヲ一**
夜来風雨ノ声
花落ツルコト《ツルコト》知ル多少

1 「春暁」の形式を選びなさい。
ア 五言絶句　イ 七言絶句
ウ 五言律詩　（　　）

2 ――線①・②を書き下し文に直しなさい。
①（　　）
②（　　）

3 よく出る 「春暁」に使われている構成法を、漢字四字で書きなさい。
［　　　　］

答えと解説

1 ア
✎ **一句の字数が五字、四句から成っている**ので、五言絶句。

2 ①暁を覚えず　②啼鳥を聞く
✎ 右下に示されている**送り仮名や助詞は平仮名**で書く。また、「不《ず》」などの**助動詞も平仮名**で書く。

3 起承転結
✎ 第一句から順に、**起句・承句・転句・結句**。各句が役割をもつ。

漢字を読もう！ ①雰囲気　②平凡　③暁
←答えは左ページ

◈絶句◈

絶句　杜甫《とほ》

江は碧《みどり》にして鳥は逾《いよい》よ白く
山は青くして花は然《も》えんと欲《ほっ》す
今春④看《みすみ》す又過ぐ
何《いづ》れの日か是《こ》れ帰年ならん

江ハ碧ニシテ鳥ハ逾ヨ白ク
山ハ青クシテ花ハ欲スレ然エント
今春看ス又過グ
何レノ日カ是レ帰年ナラン

この詩は、杜甫が成都《せいと》にいたときの作です。うち続く戦乱を避けて、友人を頼りにこの地へ来たのです。まず、この地の美しい風景が前半の二句に描かれます。川は深みどりに澄み渡り、その水の色をバックに水鳥はいっそう白く見える。「碧《へき》」は深く澄んだみどりです。向こうの山は青々と茂っている。それをバックに花が燃えるように咲いている。この花は、つつじか何かでしょうか。「然」は「燃」と同じ。「然えんと欲す」とは、今にも燃えだしそうの意で、花が真っ赤に咲いているさまです。二句十字の中に、「碧・白・青・然＝赤」と色を表す字が四つも含まれ、⑤**なんとも鮮やかな南国の春景色**が浮かび上がります。

後半では、この風景を前にした作者の思いが歌われます。今年の春も、あれよあれよという間に過ぎてゆく。いつ故郷へ帰る年が来るのだろうか。「看す」は、見ている間に、という意味です。故郷へ帰れないままにまた春が過ぎてゆく、それをどうすることもできないのです。異郷の明るい春景色の中で、悲しみに沈む作者の姿が強く印象づけられます。

〔石川《いしかわ》 忠久《ただひさ》「漢詩の風景」による〕

---

4 ——線③の意味を選びなさい。

ア 花がたくさん散ったことを知っている。
イ 花はどれほど散ったことだろう。
ウ 花が全て散ってしまった。
（　　）

5 「春暁」で作者が表そうとしたものは、何ですか。選びなさい。

ア 春先の夜中に吹き荒れる風雨の激しさ。
イ 春を告げる鳥のさえずりのにぎやかさ。
ウ 眠りが心地よく感じられる春の朝ののどかさ。
（　　）

6 よく出る 「絶句」で、対句になっているのは、第何句と第何句ですか。

第□句と第□句

7 ——線④に込められている作者の思いを選びなさい。

ア 美しい季節が移ろってゆく寂しさ。
イ なすすべもなく時が過ぎてゆくなげき。
ウ 静かに過ぎてゆく時の中にいる安らぎ。
（　　）

8 ——線⑤と対照的に歌われているものは、何ですか。文章から八字で抜き出しなさい。

□□□□□□□□の姿。

---

4 イ

「知る多少」は、「**どれほどかわからない**」という意味。作者はまだ**寝床にいて**、外の状況は見ていない。

5 ウ

夜が明けたのにも気づかない春の眠りの心地よさから歌い起こし、鳥のさえずりが聞こえる外の様子に展開、転句・結句では、ゆうべのことを回想し、外の様子を想像している。

6 一・二

句全体、句の中の各語も対応。

江↔山　碧↔青　鳥↔花　逾白↔欲然
構成が同じ

7 イ

転句から、作者の思いが歌われている。文章の「**また春が過ぎてゆく、それをどうすることもできない**」に着目。帰郷したくてもできない**作者の無念さ**を捉える。

8 悲しみに沈む作者

——線⑤を言い換えた「異郷の明るい春景色」に着目。**前半の二句と後半の二句の対照的な内容が作者の思いを強く印象づけている。**

漢字で書こう！　①ふんいき　②へいぼん　③あかつき
答えは右ページ➡

テストに出る！ **予想問題** 解答 p.8 30分 100点

1 次の漢詩を読んで、問題に答えなさい。

絶句　杜甫《とほ》

江は碧《みどり》にして鳥は逾《いよい》よ白く
山は青くして花は然《も》えんと欲《ほっ》す
今春看《み》す又過ぐ
何《いづ》れの日か是《こ》れ帰年ならん

江ハ碧ニシテ鳥ハ逾ヨ白ク
山ハ青クシテ花欲然
今春看ス又過グ
何レノ日カ是レ帰年ナラン

1 ——線「花欲然」に、書き下し文を参考にして、返り点と送り仮名を付けなさい。　完答〔5点〕

花欲然

2 この詩には、色を表している漢字が四つ含まれています。訓読文から順に抜き出しなさい。　完答〔5点〕

3 歌われている内容が、作者の思いに転換しているのは、Ⅰ…第何句からですか。また、Ⅱ…その句は別名で何とよばれますか。漢字二字で書きなさい。　4点×2〔8点〕

Ⅰ 第　句
Ⅱ

4 やや難 作者は、戦乱を避けて故郷を離れ、異郷の地にいます。詩に込められた作者の思いを考えて書きなさい。〔8点〕

4 見送っていた舟が見えなくなったことを、どのように表現していますか。書き下し文から五字で抜き出しなさい。〔5点〕

5 第四句「唯だ見る長江の天際に流るるを」について答えなさい。

(1) この句には、倒置が使われています。普通の語順に直して書きなさい。〔5点〕

(2) よく出る この句から作者のどのような心情が読み取れますか。次から一つ選び、記号で答えなさい。〔8点〕

ア 長江の美しい情景を見て、友と別れた寂しさをまぎらわせている。
イ 変わらぬ姿で流れる長江に、自然の雄大さを実感している。
ウ 果てしなく続く長江に、友の明るい未来を予感している。
エ 友の姿が消えた後の情景を見て、別離の悲しみを深めている。

3 次の漢詩を読んで、問題に答えなさい。

春望　杜甫

国破れて山河在り
城春にして草木《さうもく》深し
時に感じては花にも涙を濺《そそ》ぎ
別れを恨《うら》んでは鳥にも心を驚かす
烽火《ほうくわ》三月《さんげつ》に連なり

国破レテ山河在リ
城春ニシテ草木深シ
感ジテハレ時ニ花ニモ濺ギレ涙ヲ
恨ンデハレ別レヲ鳥ニモ驚カスレ心ヲ
烽火連ナリ二三月ニ一

漢字を読もう！ ①旧暦　②浪人　③締めくくる　←答えは左ページ

2 次の漢詩を読んで、問題に答えなさい。

黄鶴楼《くわうかくろう》にて孟浩然《まうかうねん》の広陵《くわうりよう》に之《ゆ》くを送る　李白《りはく》

故人西のかた黄鶴楼を辞し
[　　　　]
孤帆《こはん》の遠影碧空《へきくう》に尽き
唯《た》だ見る長江《ちやうかう》の天際に流るるを

故人西ノカタ辞シ二黄鶴楼一ヲ
煙花三月下ル二揚《やう》州《しう》一ニ
孤帆ノ遠影碧空ニ尽キ
唯ダ見ル長江ノ天際ニ流ルルヲ

1 この漢詩の形式を、漢字四字で書きなさい。〔5点〕

2 [　　]に当てはまる書き下し文を書きなさい。〔5点〕

3 ——線「故人」について答えなさい。

(1) よく出る Ⅰ…どのような意味ですか。また、Ⅱ…ここでは誰を指していますか。名前を書きなさい。5点×2〔10点〕

Ⅰ
Ⅱ

(2) 「故人」は、どこへ向かおうとしているのですか。〔5点〕

家書万金《ばんきん》に抵《あた》る
白頭搔《か》けば更に短く
[　　　　]

家書抵ル二万金一ニ
白頭搔ケバ更ニ短ク
渾《す》ベテ欲《ほつ》スレ不《ざ》ラントレ勝《た》ヘレ簪《しん》ニ

1 この漢詩の形式を、漢字四字で書きなさい。〔5点〕

2 [　　]に当てはまる書き下し文を書きなさい。〔5点〕

3 ——線「国破れて山河在り」の意味を次から一つ選び、記号で答えなさい。〔5点〕

ア 国都には自然はもうないが、都を離れれば自然豊かである。
イ 昔は山と河があった所も、今は国の全てが破壊されている。
ウ 国が戦争に負けても、山と河が人を勇気づけてくれる。
エ 国都は破壊されたが、山と河はそのままにある。

4 よく出る 第一句と第二句は、対句になっています。他に対句になっている句はどこですか。二つ答えなさい。4点×2〔8点〕

第　句と第　句
第　句と第　句

5 詩に込められた作者の思いを次から一つ選び、記号で答えなさい。〔8点〕

ア 全てを失いながらも平和が戻ったことに感謝する思い。
イ 戦乱の続く時勢や不運な自分の境遇をなげき悲しむ思い。
ウ 変わらぬ自然の中で花や鳥をめでる満ち足りた思い。
エ 戦乱を無事生き抜いた若い頃の自分をなつかしむ思い。

漢字で書こう! ①きゅうれき　②ろうにん　③し(めくくる)
答えは右ページ➡

教科書 p.170～p.179／p.182～p.183

君は「最後の晩餐《ばんさん》」を知っているか

要旨

◆解剖学・遠近法・明暗法を駆使して新しい絵画を生み出したレオナルド・ダ・ヴィンチ。この三つの観点から分析すると、「最後の晩餐」の本当の魅力が見えてくる。

⇨5分間攻略ブック p.12

テストに出る！ **ココが要点**

絵画の科学を駆使して描いた絵（教p.175～p.178）▶予想問題

●解剖学…人体の仕組みを研究。→手の動きで心の動きを表現。

●遠近法…①遠くにいくにつれて小さく描き、部屋の奥行きを表現。
②消失点をキリストの額にし、見る人の視線を集める。

●明暗法…描かれた部屋の明暗と現実の光の方向が合致している。

→遠近法・明暗法の効果が合わさり、本物の部屋のように見える。

「最後の晩餐《ばんさん》」の本当の魅力とは？（教p.178～p.179）▶例題

修復の結果

●鮮やかな色彩がよみがえった。

●細部の描写は、既に剝がれ落ち、消えてなくなっていた。

●絵の「全体」（＝レオナルドが絵画の科学を駆使して表現しようとしたもの）がよく見えるようになった。

→「最後の晩餐」がもつ本当の魅力に目がいくようになった。

例題　「最後の晩餐《ばんさん》」の本当の魅力とは？

「最後の晩餐」の修復が終了したのは、一九九九年五月のことだ。それまでかびやほこりで薄汚れて、暗い印象のあった絵から、鮮やかな色彩がよみがえった。しかし、絵の細かいところはわからない。レオナルドが描いた細部は、既に剝がれ落ちて、消えてなくなっていた。修復の作業は、あくまで汚れを落とすことと、現状の絵をそのままに保護することだけだ。だから修復された絵には、もう細かい描写はない。今、私たちが見ることができるのは、そんな「最後の晩餐」である。

ところが、実際に修復を終えた「最後の晩餐」の前に立って、その絵を眺めると、①**文句がないほどに魅力**

1　「最後の晩餐」の修復について答えなさい。

(1) よく出る　修復によってどのような状態になりましたか。十三字で抜き出しなさい。

(2) 修復によって、どのようなことがわかりましたか。

（　　　　）の描写は、既に剝がれ落ちて、（　　　　）こと。

答えと解説

1 (1)鮮やかな色彩がよみがえった
(2)細部〔または〕細かいところ・消えてなくなっていた

(1)修復によって、「かびやほこりで薄汚れて、暗い印象のあった絵」が**「鮮やかな色彩」を取り戻したの**だ。
(2)修復の作業は、**あくまで汚れを落とすこと**なので、経年によって失われたものはよみがえらない。

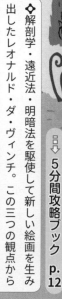

的なのだ。確かに細部は落ちて、消えてなくなっている。しかし、そのためにかえって、絵の「全体」がよく見えるようになった。人物の輪郭が作る形。その連なり。絵の構図がもっている画家の意図。つまり、レオナルドが、絵画の科学を駆使して表現しようとしたものが、とてもよく見えてくる。だから、いきなり「かっこいい。」と思えるのだ。

逆に、絵が完成したばかりの頃、それを見た人たちは、細部の描き込みのすごさに息をのんで、感嘆したのかもしれない。しかし、そういうものに目を奪われて、この絵がもっている本当の魅力が「見えなかった」。②**そんなこと**があったのではないか。そして細部が剝げ落ち、ぼんやりした形の連なりだけが残った。修復は、そのような「全体」をより明快に見えるようにした。だとしたら、本当の「最後の晩餐」は、二十一世紀の私たちが初めて見たのかもしれない。レオナルドが描きたかったのは「③**それ**」なのだ。

「最後の晩餐」は、建物の壁に描かれている。だから、レオナルドが暮らし、この絵を描いたミラノの町でしか見ることができない。君もいつか、イタリアを旅して、この絵を自分の目で見てほしい。五百年も昔に描かれた名画は、二十一世紀の今も生きている。芸術は永遠なのだ。

〔布施《ふせ》 英利《ひでと》「君は『最後の晩餐《ばんさん》』を知っているか」による〕

2 よく出る ——線①のように感じるのは、なぜですか。

絵の「（　　）」がよく見えるようになり、レオナルドが（　　）を駆使して表現しようとしたものがよく見えてくるから。

3 ——線②とは、どのようなことですか。

（□□□□□□□□）のすごさに目を奪われて、絵がもっている（□□□□□）が見えなかったこと。

4 ——線③とは、どのような絵のことを表していますか。選びなさい。

ア 元の状態をとどめていなくても、情景が思い浮かぶような絵。

イ 自分が表現しようとしたものが明快に伝わるような絵。

ウ 後の世の人間が見ても、古く感じないような絵。

（　　）

2 全体・絵画の科学

細部が落ちて、消えてなくなったため、かえって「絵の『全体』」がよく見えるようになったというのだ。**「人物の輪郭が……画家の意図。」＝「レオナルドが、絵画の科学を駆使して表現しようとしたもの」**であることを捉える。

3 細部の描き込み・本当の魅力

直前の二つの文の内容を指している。絵の細部に目を奪われてしまうことによって、**「絵の『全体』」＝「絵の本当の魅力」が見えなくなっていた**のではないかと考えている。

4 イ

絵の細部が剝げ落ちたことによって、見えるようになったものこそ、レオナルドが描きたかったものではないかと筆者は訴えている。レオナルドが描きたかったものについては、二つ目の段落に具体的に書かれている。

漢字で書こう！ ①しょうげき　②りくつ　③せま(い)

答えは右ページ➡

テストに出る！

予想問題

次の文章を読んで、問題に答えなさい。

解答 p.9

30分

100点

弟子たちの動揺は、手のポーズにも表れている。たくさんの手が描かれているが、試しに、その一つ一つのポーズを君もまねてみよう。手のポーズは心の動きを表すが、ここには①いろいろな手があり、いろいろな心の動きがある。驚き、失意、怒り、諦め……。まるで手のポーズの見本帳である。それは、手に託された心の動きの見本帳でもある。

②レオナルドは、どうしてこんなにもうまく、いろいろな手を描くことができたのだろうか。実は、彼は人体の解剖を通して骨格や筋肉の研究をし、人の体がどのような仕組みでできているかを知り尽くしていた。だから、手だけでなく顔の表情や容貌も、一人一人の心の内面までもえぐるように描くことができた。

さらに注目してほしいのは、ここに描かれている室内の壁や天井だ。壁のタピスリーや天井の格子《こうし》模様を見てみよう。壁がだんだん狭くなって、タピスリーも奥にいくほど小さくなる。これが遠近法だ。レオナルドは、③絵画の遠近法を探究し、それをこの絵で完成させた。この絵には、遠くのものは小さく見えるという、遠近法の原理が使われている。室内の空間を、遠くにいくにつれて小さく描くことで、部屋に奥行きが感じられるようになる。

遠近法には、さらに別の効果もある。壁のタピスリーや天井の格子など、奥に向かって狭まっていく線を延ばしていくと、その線は一つの点に集まる。これを遠近法の消失点というが、なんと、

1 ――線①「いろいろな手」によって、何を表すことができるのですか。文章中から九字で抜き出しなさい。〔10点〕

2 ――線②「レオナルドは、どうしてこんなにもうまく、いろいろな手を描くことができたのだろうか。」とありますが、そのように描けたのはなぜですか。〔10点〕

3 ――線③「絵画の遠近法」について答えなさい。

(1) 「遠近法」とは、どのような原理ですか。〔10点〕

(2) 「遠近法」によって、描かれた部屋に何が感じられるようになるのですか。文章中から三字で抜き出しなさい。〔10点〕

4 よく出る ――線④「この絵の主人公は、キリスト。誰が見ても、そう思わせる効果がある。」とありますが、このような効果があるのは、なぜですか。□に当てはまる言葉を書きなさい。5点×3〔15点〕

ⓐ□の位置をⓑ□にすることによって、ⓒ□から。

漢字を読もう！ ①感嘆 ②色彩 ③既に

←答えは左ページ

その点の位置が、キリストの額なのだ。これにより、絵を見る人の視線は自然とキリストに集まっていく。④この絵の主人公は、キリスト。誰が見ても、そう思わせる効果がある。遠近法という絵画の技法が、そこに描かれた人物たちの物語を、ドラマチックに演出している。これは、描かれた絵が偶然そうなったということではない。レオナルドは、⑤明らかに計算をしてこの絵を描いたのだ。その証拠に、キリストの右のこめかみには、くぎの穴の跡がある。このくぎから糸を張って、あちこちに延ばし、画面の構図を決めていったのだ。⑥まるで設計図のような絵ともいえる。

また、レオナルドは、光の効果も緻密に計算していた。描かれた部屋の白い壁を見ると、右側には光が当たり、左側は影になっている。この壁画は食堂の壁に描かれているが、描かれた部屋の明暗は、⑦食堂の窓から差し込む現実の光の方向と合致している。そのため、壁に描かれた部屋は、あたかも本物の食堂の延長にあるようにすら見える。

このように、遠近法や光の明暗の効果を合わせて用いることで、絵に描かれているのが本物の部屋であるように見えてくる。だから、かつての修道士たちのように、こんな部屋で食事をしたら、まるでキリストたちといっしょに晩餐《ばんさん》をしているような気持ちになるにちがいない。

解剖学、遠近法、明暗法。そのような絵画の科学が、それまで誰も描かなかった新しい絵を生み出した。レオナルドが究めた絵画の科学と、そのあらゆる可能性を目《ま》のあたりにできること。これが、⑧「最後の晩餐」を「かっこいい。」と思わせる一つの要因だろう。

〔布施《ふせ》 英利《ひでと》「君は『最後の晩餐《ばんさん》』を知っているか」による〕

5 やや難 ——線⑤「明らかに計算をしてこの絵を描いた」とありますが、その証拠は何ですか。〔15点〕

6 ——線⑥「まるで設計図のような絵」とは、どのような絵を表していますか。次から一つ選び、記号で答えなさい。〔10点〕

ア 当時の他の画家たちの見本的な構図となった絵。
イ 構図や効果を細かく計算して精巧に描かれた絵。
ウ 作品の下描きとして描かれた大まかな構図の絵。
エ 建物や人物を原寸大で正確に再現して描かれた絵。

7 ——線⑦「壁に描かれた部屋は、あたかも本物の食堂の延長にあるようにすら見える」とありますが、それはなぜですか。理由がわかる一文を文章中から抜き出し、初めの五字を書きなさい。〔10点〕

8 よく出る ——線⑧「『最後の晩餐』を『かっこいい。』と思わせる一つの要因」とは、どのようなことですか。□に当てはまる言葉を、文章中から抜き出しなさい。5点×2〔10点〕

レオナルドの絵が、彼の究めた ⓐ などの絵画の科学が生み出した、それまでにはない ⓑ であること。

漢字で書こう! 答えは右ページ➡ ①かんたん ②しきさい ③すで(に)

文法への扉2 走る。走らない。走ろうよ。

確認

◇用言は、活用する自立語。活用によって変化した単語の形を活用形といい、その中の、活用しても常に変化しない部分を語幹、変化する部分を活用語尾という。

5分間攻略ブック p.19

テストに出る！

ココが要点

●用言の活用形は六種類。→続く言葉で見分ける。
未然形…ない・う・ようなど　連用形…用言・ます・た・てなど
終止形…言い切る。と・からなど　連体形…体言・ので・のになど
仮定形…ば　命令形…命令して言い切る。

●動詞の活用の種類は五種類。→「ない」を付けて見分ける。
五段活用………「ア」段＋ない　上一段活用……「イ」段＋ない
下一段活用……「エ」段＋ない　カ行変格活用…「来る」一語
サ行変格活用…「する」と「○○する」

活用の種類	基本形	語幹	未然形	連用形	終止形	連体形	仮定形	命令形
五段	読む	よ	―ま／も	―み／※ん	―む	―む	―め	―め
上一段	起きる	お	―き	―き	―きる	―きる	―きれ	―きろ
下一段	教える	おし	―え	―え	―える	―える	―えれ	―えろ
カ行変格	来る	○	こ	き	くる	くる	くれ	こい
サ行変格	する	○	し／せ／さ	し	する	する	すれ	しろ
主な続き方			―ない／―う／よう	―ます／―た／―て	―。	―とき／―ので	―ば	―。

※動詞の音便　①イ音便…歩く＋た→歩いた　②促音便…取る＋た→取った　③撥《はつ》音便…読む＋た→読んだ

●形容詞・形容動詞の活用　※形容詞の音便　ウ音便…寒く＋ございます→寒うございます

	基本形	語幹	未然形	連用形	終止形	連体形	仮定形	命令形
形容詞	寒い	さむ	―かろ	―かっ／―く／―う※	―い	―い	―けれ	○
形容動詞	豊かだ	ゆたか	―だろ	―だっ／―で／―に	―だ	―な	―なら	○
形容動詞	豊かです	ゆたか	―でしょ	―でし	―です	（―です）	○	○
主な続き方			―う	―た／―ない／―なる	―。	―とき／―ので	―ば	―。

テストに出る！

予想問題

解答 p.9　20分　100点

1 （　）を埋めて、動詞の活用表を完成させなさい。　2点×6〔12点〕

	未然形	連用形	終止形	連体形	仮定形	命令形
話す	さ（①　）	（②　）	す	す	（③　）	せ
受ける	（④　）	け	ける	（⑤　）	けれ	（⑥　）（けよ）

2 （　）内の形容詞・形容動詞を、文に合う形に活用させて書きなさい。　2点×3〔6点〕

①（複雑だ）問題が②（多い）て、あなたも③（大変です）う。

①

②

③

3 よく出る ――線の動詞の、Ⅰ…活用の種類と、Ⅱ…活用形をそれぞれ後から一つずつ選び、記号で答えなさい。　2点×16〔32点〕

①学校に行った。　②値段を下げれば売れる。
③書くことが大切だ。　④テレビでも見ようか。
⑤急ぐのだから早くしろ。　⑥君もいっしょに来ないか。
⑦掃除してから帰る。　⑧外に出ると暖かかった。

Ⅰ｛ア 五段活用　イ 上一段活用　ウ 下一段活用
エ カ行変格活用　オ サ行変格活用｝

Ⅱ｛ア 未然形　イ 連用形　ウ 終止形
エ 連体形　オ 仮定形　カ 命令形｝

例題

1 ――線の動詞の活用形を選びなさい。

① 運ぶ荷物は少ない。（　　）
② バスに乗ります。（　　）
③ 聞けばわかる。（　　）
④ うそは言わない。（　　）

ア 未然形　**イ** 連用形
ウ 連体形　**エ** 仮定形

2 次の動詞の活用の種類を選びなさい。

① 来る（　　）　② 似る（　　）
③ 歩く（　　）　④ 食べる（　　）
⑤ 勉強する（　　）

ア 五段活用　**イ** 上一段活用
ウ 下一段活用　**エ** カ行変格活用
オ サ行変格活用

3 ――線の形容詞（①・②）、形容動詞（③・④）の活用形を選びなさい。

① あまり暑くない。（　　）
② 安ければ買おう。（　　）
③ 流れは急だろう。（　　）
④ 静かなので落ち着く。（　　）

ア 未然形　**イ** 連用形
ウ 連体形　**エ** 仮定形

答えと解説

1 ①ウ　②イ　③エ　④ア

――線に続く語に着目。
①**名詞（体言）**→連体形
②**ます・た・て**→連用形
③**ば**→仮定形
④**ない・う・よう**→未然形

2 ①エ　②イ　③ア　④ウ　⑤オ

「**ない**」を付けて見分ける。
②似ない→「**イ**」段＋ない
③歩かない→「**ア**」段＋ない
④食べない→「**エ**」段＋ない

3 ①イ　②エ　③ア　④ウ

動詞と同様に、――線に続く語で見分ける。ただし、動詞では未然形が「ない（助動詞）」に続くが、**形容詞・形容動詞では連用形が「ない（形容詞）」に続く**ので、要注意。「ない」の品詞が異なるのだ。

4 よく出る ――線が形容詞ならA、形容動詞ならBを書き、その活用形を後から一つずつ選び、記号で答えなさい。　2点×16〔32点〕

① この議題は重要だ。
② 外はまだ明るかった。
③ 彼が来れば楽しかろう。
④ 安全な道を選ぶべきだ。
⑤ 部屋をきれいにする。
⑥ きっとおもしろくなる。
⑦ 君の態度は立派でした。
⑧ 欲しければあげるよ。

ア 未然形　**イ** 連用形　**ウ** 終止形
エ 連体形　**オ** 仮定形

	Ⅰ	Ⅱ
①		
②		
③		
④		
⑤		
⑥		
⑦		
⑧		

	活用形
①	
②	
③	
④	
⑤	
⑥	
⑦	
⑧	

5 やや難 次の動詞の活用の種類を後から一つずつ選び、記号で答えなさい。　3点×6〔18点〕

① A 過ぎる　B 過ごす
② A 飲む　B 飲める
③ A 泳げる　B 泳ぐ

ア 五段活用　**イ** 上一段活用　**ウ** 下一段活用
エ カ行変格活用　**オ** サ行変格活用

	A	B
①		
②		
③		

漢字で書こう！　①あくしゅ　②ごび　③とくしゅ
答えは右ページ➡

走れメロス

教科書 p.196〜p.213

主題

◆メロスは試練や苦悩を乗り越えて約束を果たし、王は人間不信を改める。「信実」が存在することを、メロスと友との友情や、メロスの内面の変化を通して描く。

5分間攻略ブック p.13

テストに出る!

ココが要点

人間不信の王との対決と約束（教 p.198〜p.200）▶予想問題

●メロスは王を非難するが、王は、人間は私欲の塊だと答える。

メロス…人の心は信じられる。 王…人の心は信じられない。

●メロスは、処刑までに三日間の猶予《ゆうよ》を王に願い出て、親友を人質に置き、約束を守ることを誓う。

●王は願いを聞くが、メロスが帰ってくるはずはないと思っている。

友との再会と王の改心（教 p.209〜p.211）▶例題

●メロスとセリヌンティウスは、友を裏切ろうとした心を互いに告白。

メロス…約束を果たさず、悪徳者として生き延びようと思いかけた。

セリヌンティウス…メロスのことを疑った。

●互いを許し合い、友情を確かめた二人は、心から喜ぶ。

●二人の姿を見た王は、「信実」は空虚な妄想ではないと認める。

例題　友との再会と王の改心

「私だ、刑吏！　殺されるのは、私だ。メロスだ。彼を人質にした私は、ここにいる！」と、かすれた声で精いっぱいに叫びながら、ついにはりつけ台に上り、つり上げられてゆく友の両足にかじりついた。群衆はどよめいた。あっぱれ。許せ、と口々にわめいた。セリヌンティウスの縄は、ほどかれたのである。

「セリヌンティウス。」メロスは目に涙を浮かべて言った。「私を殴れ。力いっぱいに頰を殴れ。私は、途中で一度、①**悪い夢を見た**。君がもし私を殴ってくれなかったら、私は君と抱擁する資格さえないのだ。殴れ。」

セリヌンティウスは、全てを察した様子でうなずき、刑場いっぱいに鳴り響くほど音高くメロスの右頰を

1 よく出る　――線①とは、どういうことですか。選びなさい。

ア　友の信頼を裏切ろうとしたこと。

イ　友に疑われていると、腹を立てたこと。

ウ　友が処刑される夢を見たこと。

（　　）

2 ――線②とありますが、セリヌンティウスが考えたことを選びなさい。

ア　友は、王に反抗するのではないか。

イ　友は殺されてしまったのではないか。

ウ　友は戻ってこないのではないか。

（　　）

答えと解説

1 ア

「悪い夢」とは、数々の困難に遭い、疲れ切ったときのメロスの心に巣くった思いのこと。**刑場に戻らず、「悪徳者として生き延びてやろうか」と思ったこと**を指している。

2 ウ

セリヌンティウスはメロスを待つ立場だったことから考える。メロスは**「悪い夢」を見て**、セリヌンティウスは**メロスを疑った**。二人ともに**裏切りの心が芽生えていた**のである。

漢字を読もう!　①仰ぐ　②路傍　③邪知暴虐

←答えは左ページ

殴った。殴ってから優しくほほ笑み、

「メロス、私を殴れ。同じくらい音高く私の頬を殴れ。私はこの三日の間、たった一度だけ、②**ちらと君を疑った**。生まれて初めて君を疑った。君が私を殴ってくれなければ、私は君と抱擁できない。」

メロスは腕にうなりをつけてセリヌンティウスの頬を殴った。

③**「ありがとう、友よ。」二人同時に言い**、ひしと抱き合い、それからうれし泣きにおいおい声を放って泣いた。

群衆の中からも、歔欷《きょき》の声が聞こえた。暴君ディオニスは、群衆の背後から二人のさまをまじまじと見つめていたが、やがて静かに二人に近づき、顔を赤らめて、こう言った。

「おまえらの望みはかなったぞ。おまえらは、④**わしの心**に勝ったのだ。信実とは、決して空虚な妄想ではなかった。どうか、わしも⑤**仲間**に入れてくれまいか。どうか、わしの願いを聞き入れて、おまえらの仲間の一人にしてほしい。」

⑥**どっと群衆の間に、歓声が起こった。**

「万歳、王様万歳。」

〔太宰《だざい》治《おさむ》「走れメロス」による〕

3 よく出る ——線③のときの二人の気持ちを選びなさい。

ア 約束を守ってくれた相手への感謝。

イ 二人とも命が助かったという安心感。

ウ 互いの友情と信頼を確認できた喜び。

（　　）

4 王が今までの自分を恥じていることがわかる表現を、六字で抜き出しなさい。

□□□□□□

5 ——線④とは、どのような心ですか。

（　　）とは（　　）にすぎないとする心。

6 ——線⑤は、どのような仲間ですか。選びなさい。

ア 互いの望みをかなえ合える仲間。

イ 互いに深い信頼で結ばれている仲間。

ウ 二人の様子に感動している群衆の仲間。

（　　）

7 ——線⑥とありますが、なぜですか。

□が改心し、□□の存在を認めたから。

3 ウ

裏切りの心を抱いたことを互いに告白して殴り合い、許し合えたことで、**友情と信頼を確かめることができた**のだ。

4 顔を赤らめて

この表情が、王が改心したことを表していることに着目する。王は、**人の心を信じられないと考えていた自分を恥じている**のだ。

5 信実・空虚な妄想

「信実」は「**正直で偽りのないこと**」、「空虚な妄想」は「**実体のない、ありもしない想像**」という意味。

6 イ

メロスとセリヌンティウスの間には、**相手に命さえも預けられるほどの深い信頼**が存在している。そんな二人の姿を見て、王に**人の心を信じる心**がよみがえったのだ。

7 王・信実

王の言葉を聞いた群衆は、**王が人を信じられるようになって**、暴君ではなくなることを喜んだのだ。

漢字で書こう! ①あお(ぐ) ②ろぼう ③じゃちぼうぎゃく

答えは右ページ➡

テストに出る！
予想問題

解答 p.10　30分　/100点

次の文章を読んで、問題に答えなさい。


「町を暴君の手から救うのだ。」とメロスは、悪びれずに答えた。

「おまえがか？」王は、憫笑《びんしょう》した。「しかたのないやつじゃ。おまえなどには、①わしの孤独の心がわからぬ。」

「言うな！」とメロスは、いきり立って反駁《はんばく》した。「人の心を疑うのは、最も恥ずべき悪徳だ。王は、民の忠誠をさえ疑っておられる。」

「疑うのが正当の心構えなのだと、わしに教えてくれたのは、おまえたちだ。人の心は、あてにならない。人間は、もともと私欲の塊さ。信じては、ならぬ。」暴君は落ち着いてつぶやき、ほっとため息をついた。「わしだって、平和を望んでいるのだが。」

「何のための平和だ。自分の地位を守るためか。」今度はメロスが嘲笑した。

「罪のない人を殺して、何が平和だ。」

「黙れ。」王は、さっと顔を上げて報いた。「口では、どんな清らかなことでも言える。わしには、人のはらわたの奥底が見え透いてならぬ。おまえだって、今にはりつけになってから、泣いてわびたって聞かぬぞ。」

「ああ、王は利口だ。うぬぼれているがよい。私は、ちゃんと死ぬる覚悟でいるのに。命乞いなど決してしない。ただ――、」と言いかけて、メロスは②足元に視線を落とし、瞬時ためらい、「ただ、私に情けをかけたいつもりなら、処刑までに三日間の日限を与えてください。たった一人の妹に、亭主を持たせてやりたいのです。

1 ――線①「わしの孤独の心」とありますが、王が孤独なのは、なぜですか。二十字以内で書きなさい。〔15点〕

2 よく出る 「人の心」についての、メロスの信念が最もよく表れている一文を、メロスの言葉の中から抜き出しなさい。〔10点〕

3 王の人間観が最もよく表れている四字の言葉を、王の言葉の中から抜き出しなさい。〔10点〕

4 ――線②「足元に視線を落とし、瞬時ためらい」とありますが、このとき、メロスはどのような気持ちでしたか。次から一つ選び、記号で答えなさい。〔10点〕
ア　ほこりのために死ななければならないことを悔やむ気持ち。
イ　自分を頼りにしているたった一人の妹の身を案じる気持ち。
ウ　王が自分の言葉を信じてくれることを願う気持ち。
エ　死に対する恐れをなんとか打ち消そうとする気持ち。

5 ――線③「とんでもないうそを言うわい。」とありますが、王は、メロスのどのような言葉を「とんでもないうそ」だと言ったのですか。文章中から十二字で抜き出しなさい。〔10点〕

漢字を読もう！　①欺く　②卑劣　③氾濫
←答えは左ページ

三日のうちに、私は村で結婚式を挙げさせ、必ず、ここへ帰ってきます。」

「ばかな。」と暴君は、しゃがれた声で低く笑った。③「とんでもないうそを言うわい。逃がした小鳥が帰ってくると言うのか。」

「そうです。帰ってくるのです。」メロスは必死で言い張った。「私は約束を守ります。私を三日間だけ許してください。妹が私の帰りを待っているのだ。そんなに私を信じられないならば、よろしい、この町にセリヌンティウスという石工がいます。私の無二の友人だ。あれを人質としてここに置いていこう。私が逃げてしまって、三日目の日暮れまで、ここに帰ってこなかったら、あの友人を絞め殺してください。頼む。そうしてください。」

それを聞いて王は、残虐な気持ちで、そっとほくそ笑んだ。生意気なことを言うわい。どうせ帰ってこないに決まっている。このうそつきにだまされたふりして、放してやるのもおもしろい。そうして身代わりの男を、三日目に殺してやるのも気味がいい。人は、これだから信じられぬと、わしは悲しい顔して、その身代わりの男を磔刑《たっけい》に処してやるのだ。世の中の、正直者とかいうやつばらにうんと見せつけてやりたいものさ。

④「願いを聞いた。」その身代わりを呼ぶがよい。三日目には日没までに帰ってこい。遅れたら、その身代わりを、きっと殺すぞ。ちょっと遅れて来るがいい。おまえの罪は、永遠に許してやろうぞ。」

⑤「なに、何をおっしゃる。」

「はは。命が大事だったら、遅れて来い。⑥おまえの心は、わかっているぞ。」

〔太宰《だざい》 治《おさむ》「走れメロス」による〕

6 よく出る ——線④「願いを聞いた。」とありますが、王がメロスの願いを聞き入れたのは、なぜですか。次から一つ選び、記号で答えなさい。〔15点〕

ア 人の心は信じられないが、情けをかけてやろうと思ったから。
イ 人の心が本当に信じられるものか、試してみたくなったから。
ウ 人の心が信じられないことを皆に見せつけてやろうと思ったから。
エ 人の心を信じることの正当性を証明しなければならなかったから。

7 ——線⑤「なに、何をおっしゃる。」には、メロスのどのような気持ちが表れていますか。次から一つ選び、記号で答えなさい。〔10点〕

ア 王に自分の提案を受け入れてもらえず、見下されたことへの悔しさ。
イ 自分のことを信じないばかりか、卑劣な提案までしてくる王への怒り。
ウ 自分が心の中で願っていたことを王に見破られてしまったことへの驚き。
エ 思いがけず自分の言うことを理解し、優しく受け入れてくれた王への感謝。

8 やや難 ——線⑥「おまえの心は、わかっているぞ。」とありますが、王は、メロスがどうすると考えていますか。〔20点〕

漢字で書こう! ①あざむ(く) ②ひれつ ③はんらん
答えは右ページ➡

文法への扉3 一字違いで大違い
言葉3 話し言葉と書き言葉

確認

◇付属語は単独では文節を作れない単語で、活用する助動詞と、活用しない助詞の二種類。助詞には、格助詞・副助詞・接続助詞・終助詞の四種類がある。

5分間攻略ブック p.15／p.20

テストに出る！

ココが要点

文法への扉3

●助動詞…活用する付属語。次のような意味・用法がある。

れる・られる…受け身（○○に……をされる）／可能（……ができる）／尊敬／自発（自然と……なる）

せる・させる…使役（他にさせる）

ない・ぬ（ん）…否定（打ち消し）　たい・たがる…希望

う・よう…推量（想像・予想する）／意志（しようとする）／勧誘（しようと誘う）

た…過去（現在より以前）／完了（終了し、動きが止まる）／存続（状態が続く）／想起（思い出し、思い当たる）

ます…丁寧　らしい…推定（根拠に基づいて推し量る）

ようだ・ようです…推定／比喩（何かにたとえる）

そうだ・そうです…推定・様態（様子から推し量る）／伝聞（他の人から聞いたこと）

まい…否定の意志（今後はそうしないという気持ち）／否定の推量（今後はそうならないという予想）

だ・です…断定（確かなこととして言い切る）

●助詞…活用しない付属語。四種類ある。

格助詞…主に体言に付き、体言とその下の語句との関係を示す。

例花が咲く。（主語を作る）　妹に話す。（連用修飾語を作る）　家の前。（連体修飾語を作る）

副助詞…いろいろな語句に付き、意味を付け加える。

例弟は来る。（取り立てる）　絵も描く。（他に同類がある）　花などを見る。（例示）

接続助詞…主に活用する語句に付き、前後をつなぐ。

例風が吹くと、涼しい。（順接）　眠いけれど、起きよう。（逆接）

終助詞…文や文節の終わりに付き、気持ちや態度を表す。

例北はどっちか。（疑問）　何もするな。（禁止）　完成したぞ。（強調）

テストに出る！

予想問題

文法への扉3

解答 p.10　20分　100点

1 よく出る ――線の助動詞の意味を後から一つずつ選び、記号で答えなさい。　5点×4〔20点〕

① 彼のことなら信じられる。
② お客様が帰られる時間だ。
③ 後ろから肩をたたかれる。
④ 昔のことがしのばれる。

ア 受け身　イ 可能
ウ 尊敬　エ 自発

2 よく出る ――線の助動詞と意味・用法が同じものを、それぞれ後から一つずつ選び、記号で答えなさい。　6点×4〔24点〕

①	②	③	④

① 太った犬が寝ている。
ア 昨夜は風が強かった。　イ 発表の準備が整った。
ウ 住所を書いた紙を渡す。　エ 次は君の番だったね。

② 今日は勉強しようと思う。
ア 私も島まで泳いでみよう。　イ 午後からは晴れよう。
ウ 山田君、もう出かけよう。　エ 色が雪のように白い。

③ あそこに見えるのが停留所だ。
ア この道具は便利だ。　イ 大切にすべきは友情だ。
ウ 今日は暑くなるそうだ。　エ 事故が起きたようだ。

④ 何をやってもうまくいかない。
ア 全く心当たりがない。　イ 方法が正しくない。

漢字を読もう！ ①曖昧 ②校閲 ③踏まえる

例題

1 可能の意味を表すほうを選びなさい。

ア 骨まで食べられる魚料理。
イ 友達にほめられる。　（　　）

2 ――線の助動詞の意味を選びなさい。

① 泣き言は言うまい。（　　）
② まるで夢のようだ。（　　）
③ よい天気になりそうだ。（　　）
④ 好きなほうを選ばせる。（　　）

ア 比喩　イ 否定の意志
ウ 使役　エ 推定・様態

3 ――線の助詞の種類を選びなさい。

① 母が新聞を読む。（　　）
② 歌えば楽しい。（　　）
③ 旅行に行きたいな。（　　）
④ 一人しかいない。（　　）

ア 格助詞　イ 副助詞
ウ 接続助詞　エ 終助詞

4 ――線の助詞の意味を選びなさい。

① このペンは私のだ。（　　）
② 桜の話をする。（　　）
③ 桜の咲く日を思う。（　　）

ア 主語を表す　イ 体言の代用
ウ 連体修飾語を作る

答えと解説

1 ア

アは**「食べることができる」**と言い換えられる。

2 ①イ　②ア　③エ　④ウ

①**「言わない」という意志**を表す。②夢に**たとえて**いる。③天気を**様子から推し量って**いる。「そうだ」には伝聞の意味もあるので注意。

3 ①ア　②ウ　③エ　④イ

付いている語句や意味に着目。①**体言**に付き、**連用修飾語を作って**いる。②**前が条件を表す**。③**文末にある**。④**否定と呼応する**限定の意味。

4 ①イ　②ウ　③ア

言い換えなどで見分ける。
①私の**もの**だ→体言の代用
②「桜の→話」→**体言に係る**
③桜**が**咲く→主語を表す

ウ 工事現場は危ない。　エ これ以上は話せない。

①	②	③	④

3 ――線の副助詞の意味を後から一つずつ選び、記号で答えなさい。　5点×4〔20点〕

① 今年こそ優勝したい。　② 二週間ほど時間が必要だ。
③ 半分だけ残しておこう。　④ 弟にまで笑われる。

ア 限定　イ 極端な例
ウ 強調　エ 大体の程度

①	②	③	④

4 やや難 ――線の助詞の意味・用法を後から一つずつ選び、記号で答えなさい。　5点×6〔30点〕

① A 海の方から、波の音が聞こえる。
　 B 波が高いから、海へは入らない。
② A 連敗していたが、ようやく勝った。
　 B 連敗中のチームが、ようやく勝った。
③ A 公園に行こうと、友達を誘った。
　 B 公園に行くと、友達に会った。

ア 主語を作る格助詞　イ 引用を示す格助詞
ウ 起点を示す格助詞　エ 順接の接続助詞
オ 逆接の接続助詞　カ 理由の接続助詞

	①	②	③
A			
B			

言葉３

5 次の文を、報告の文章に適した書き言葉に直しなさい。〔6点〕

テレビ局の広報部っていうのは、番組の宣伝を行う部署なんですよ。

漢字で書こう！　①あいまい　②こうえつ　③ふ（まえる）
答えは右ページ➡

木

漢字3 送り仮名

主題

◆木は、黙って動かず、ただそこに在る。けれど、本当は強く生き、愛や正義をもち、個性的でもある。そういう木の在り方に心を引かれるのだ。

5分間攻略ブック p.15

テストに出る！ **ココが要点**

詩の形式と表現技法

● 六連から成る、口語自由詩。各行の音数に決まりはない。

● 反復…同じ言葉を繰り返す。少しずつ変化しながら繰り返している表現もある。例ほんとうにそうか／ほんとうにそうなのか

● 対比的な言葉…比べ合わせる言葉を並べる。例若木／老樹

比喩

● 擬人法…人間でないものを人間にたとえて表す。

● 直喩…たとえの言葉を使ってたとえる。

例木は稲妻のごとく走っているのだ 〔木を人間にたとえている〕

←「……ごとく」は「……ように」という意味。

● 倒置…普通の言い方と、言葉の順序を入れ替える。

例木は歩いているのだ　空にむかって

テストに出る！ **予想問題**

解答 p.11

30分　/100点

1 次の詩を読んで、問題に答えなさい。

木

田村《たむら》 隆一《りゅういち》

木は黙っているから好きだ
木は歩いたり走ったりしないから好きだ
木は愛とか正義とかわめかないから好きだ

---

1 よく出る ――線「木は囁いているのだ　ゆったりと静かな声で」に用いられている表現技法を次から二つ選び、記号で答えなさい。 5点×2〔10点〕

ア 直喩　イ 擬人法　ウ 反復
エ 体言止め　オ 倒置

2 ――線①「そうか」、②「そうなのか」の「そう」が、共通して指している内容を、詩の中から順に三つ抜き出しなさい。 5点×3〔15点〕

3 よく出る ――線③「歩いているのだ」、④「走っているのだ」とありますが、それぞれ木のどのような様子を表していますか。次から一つずつ選び、記号で答えなさい。 6点×2〔12点〕

ア 花が満開になっていく様子。　イ 根を張っていく様子。
ウ 幹や枝を伸ばしていく様子。
エ 葉が散っていく様子。

③
④

4 やや難 ――線⑤「愛そのものだ」、⑥「正義そのものだ」とありますが、作者は木のどのようなところを「愛」や「正義」だと感じているのですか。 10点×2〔20点〕

漢字を読もう！ ①寿　②憂い　③懲らしめる
←答えは左ページ

ほんとうにそうか
ほんとうにそうなのか

見る人が見たら
木は囁《ささや》いているのだ　ゆったりと静かな声で
木は歩いているのだ　空にむかって
木は稲妻のごとく走っているのだ　地の下へ
木はたしかにわめかないが
木は
愛そのものだ　それでなかったら小鳥が飛んできて
枝にとまるはずがない
正義そのものだ　それでなかったら地下水を根から吸いあげて
空にかえすはずがない

若木
老樹

ひとつとして同じ木がない
ひとつとして同じ星の光《ひか》りのなかで
目ざめている木はない

木
ぼくはきみのことが大好きだ

愛	正義

5 ――線⑦「若木／老樹」とありますが、これはどのようなことを表していますか。□に当てはまる言葉を書きなさい。〔10点〕

若木から老樹まで、□木。

6 ――線⑧「ぼくはきみのことが大好きだ」とありますが、作者が大好きだと思う理由を次から一つ選び、記号で答えなさい。〔15点〕

ア 木には、声を上げたり動き回ったりする人間のような煩わしさや自己主張がないから。
イ 木には、見た目からだけではわからない不思議な現象がたくさんあるから。
ウ 木には、他の生命を守る愛や自然の営みを支える正義、それぞれの個性や在り方があるから。
エ 木には、さまざまな形や種類があり、見ていると楽しい気持ちになるから。

□

2 **送り仮名の正しいほうを選び、記号で答えなさい。**3点×6〔18点〕

① ア 操る　イ 操つる
② ア 健か　イ 健やか
③ ア 最も　イ 最とも
④ ア 珍しい　イ 珍らしい
⑤ ア 志　イ 志し
⑥ ア 偏より　イ 偏り

①	③	⑤
②	④	⑥

漢字で書こう！　①ことぶき　②うれ(い)　③こ(らしめる)
答えは右ページ➡

形

主題

◆猩々緋《しょうじょうひ》の羽織《はおり》、唐冠《とうかん》のかぶとを身に着けた中村新兵衛《なかむらしんべえ》は、敵には脅威だった。が、それを若い士《さむらい》に貸すとこれまでになく苦戦し、自分が「形」に支えられていたことに気づく。

5分間攻略ブック p.15

テストに出る！

ココが要点

「形」に支えられていた新兵衛《しんべえ》（教 p.275）▼予想問題

● **猩々緋《しょうじょうひ》の羽織《はおり》と唐冠《とうかん》のかぶと**を借りた若い士《さむらい》は、華々《はなばな》しく活躍《かつやく》する。

↓新兵衛は自分の**形**だけでも力をもつことに**誇《ほこ》り**を感じる。

● 敵は、いつもの「形」ではない新兵衛に対して**おじけ**がない。

● 「形」を貸したことへの**後悔**が新兵衛の頭をかすめる。

↓今までの自分が「**形**」に支えられていたことに気づく。

テストに出る！

予想問題

解答 p.11

30分　100点

次の文章を読んで、問題に答えなさい。

槍《やり》の名手、中村新兵衛《なかむらしんべえ》は、猩々緋《しょうじょうひ》の羽織《はおり》と唐冠《とうかん》のかぶとという華《はな》やかな武者姿をしており、敵に恐れられていた。初陣《ういじん》で手柄を立てたいという若い士《さむらい》に頼まれ、その羽織とかぶとを快く貸した。

その明くる日、摂津《せっつ》平野の一角で、松山《まつやま》勢は、大和《やまと》の筒井順慶《つついじゅんけい》の兵としのぎを削った。戦いが始まる前いつものように①猩々緋の武者が唐冠のかぶとを朝日に輝かしながら、敵勢を尻目《しりめ》にかけて、大きく輪乗りをしたかと思うと、駒《こま》の頭《かしら》を立て直して、一気に敵陣に乗り入った。

吹《ふ》き分けられるように、敵陣の一角が乱れたところを、猩々緋の武者は槍を付けたかと思うと、早くも三、四人の端武者《はしたむしゃ》を、突《つ》

1 ――線①「猩々緋の武者」とは、誰を指していますか。□に当てはまる言葉を、文章中から抜き出しなさい。　5点×2〔10点〕

ⓐ□□□が、自分の猩々緋の羽織と唐冠のかぶとを ⓑ□□□武者。

2 ――線②「自分の形だけすらこれほどの力をもっている」について答えなさい。

(1) よく出る 「自分の形」とは、何のことを指していますか。二つ抜き出しなさい。　5点×2〔10点〕

□　□

(2) 「自分の形だけすら」という言い方から、新兵衛のどのような考えがわかりますか。□に当てはまる言葉を考えて書きなさい。〔15点〕

自分の形だけでも力をもっているのだから、□はそれ以上のものがある。

3 ――線③「一文字に敵陣に殺到した」とありますが、このときの新兵衛の心情を表す言葉を次から一つ選び、記号で答えなさい。〔15点〕

ア　あせり　イ　ためらい
ウ　後悔　エ　自信

□

漢字を読もう！　①大和　②振るう　③頼もしい
←答えは左ページ

き伏せて、また悠々《ゆうゆう》と味方の陣へ引き返した。

その日に限って、黒革おどしのよろいを着て、南蛮《なんばん》鉄のかぶとをかぶっていた中村新兵衛は、会心の微笑を含みながら、猩々緋の武者の華々しい武者ぶりを眺めていた。そして②自分の形だけすらこれほどの力をもっているということに、かなり大きい誇《ほこ》りを感じていた。

彼は二番槍は、自分が合わそうと思ったので、駒を乗り出すと、③一文字《いちもんじ》に敵陣に殺到《さっとう》した。

猩々緋の武者の前には、戦わずして浮き足立った敵陣が、中村新兵衛の前には、④びくともしなかった。そのうえに彼らは猩々緋の「槍中村」に突き乱された恨《うら》みを、この黒革おどしの武者のうえに復讐《ふくしゅう》せんとして、たけり立っていた。

新兵衛は、⑤いつもとは、勝手が違っていることに気がついた。いつもは虎《とら》に向かっている羊のようなおじけが、敵にあった。彼らはうろたえ血迷うところを突き伏せるのに、なんの造作もなかった。今日は、彼らは対等の戦いをするときのように、勇み立っていた。どの雑兵もどの雑兵も十二分の力を新兵衛に対し発揮した。二、三人突き伏せることさえ容易ではなかった。敵の槍の矛先が、ともすれば身をかすった。新兵衛は必死の力を振るった。平素の二倍もの力をさえ振るった。が、彼はともすれば突き負けそうになった。⑥手軽にかぶとや猩々緋を貸したことを、後悔するような感じが頭の中をかすめたときであった。敵の突き出した槍が、おどしの裏をかいて彼の脾腹《ひばら》を貫いていた。

〔菊池《きくち》寛《かん》「形」による〕

4 ——線④「びくともしなかった」とありますが、敵陣がこのような様子だった理由を次から一つ選び、記号で答えなさい。〔15点〕

ア 目の前の武者が、新兵衛だと気づいていなかったから。
イ 浮き足立たずに、新兵衛に立ち向かおうとしていたから。
ウ 新兵衛への恨みが積もりに積もっていたから。
エ 新兵衛の調子が悪いことに気づいていたから。

□

5 やや難 ——線⑤「いつもとは、勝手が違っていることに気がついた」とありますが、勝手が違うのは、何のどのような様子ですか。いつもとの違いがわかるように三十字以内で書きなさい。〔20点〕

6 よく出る ——線⑥「手軽にかぶとや猩々緋を貸したことを、後悔するような感じ」とありますが、このとき新兵衛は、どのようなことに気づきかけたのですか。次から一つ選び、記号で答えなさい。〔15点〕

ア 立派な衣装や優れた武具を身に着けることで、誰でも敵兵を上回る実力を発揮できるようになること。
イ 普段着なれた衣装や武具を身に着けていなければ、実力が十分に発揮できないこと。
ウ 敵兵は、その姿形を伴った自分に脅威を感じており、今まで「形」の力に助けられてきたこと。
エ 武将の姿形で最期《さいご》を迎えられないことになれば、武士としての誇《ほこ》りを失い、恥になること。

□

漢字で書こう! ①やまと ②ふ(るう) ③たの(もしい)
答えは右ページ➡

生物が記録する科学――バイオロギングの可能性

テストに出る！
ココが要点

バイオロギングがもたらすもの（教 p.281～p.282）▼予想問題

● バイオロギングによるアデリーペンギンの潜水《せんすい》行動の調査
潜水の開始と終了を一致《いっち》させている。←捕食者《ほしょく》から身を守るため。

● バイオロギングは、生息環境における動物たちのありのままの行動を調べることを可能にした。

要旨

◆野生動物に記録計を取り付ける調査方法「バイオロギング」は、広大な空間を動き回る動物のありのままの行動を調べることができ、人間の思考範囲を広げてくれる。

テストに出る！
予想問題

次の文章を読んで、問題に答えなさい。

解答 p.12　30分　100点

さて、もう一つ、「バイオロギング」を用いて明らかになったペンギンの興味深い行動がある。エンペラーペンギンと同様に、アデリーペンギンもまた、餌捕《と》り潜水《せんすい》をするために、氷の途切れた所まで歩いていく。ところが、しばらく歩き、目的地に到着《とうちゃく》したペンギンたちは、すぐには潜《もぐ》り始めない。数十羽が五メートルほど離れた所から水面を見つめて、じっと立っている。やがて一羽が「ガー」と鳴くと、周りのペンギンたちも「ガー、ガー」と答える。それがいつしか「ガーガーガー」という大合唱になり、一斉に水中に飛び込んでいった。そして、二分ほど経過すると、いっしょに水中から氷の上に飛び上がってきた。①ペンギンたちは、水中でもいっしょに餌を捕っているのだろうか。

1 よく出る ――線①「ペンギンたちは、水中でもいっしょに餌を捕っているのだろうか。」という疑問について、どのような方法で調べ、どのようなことがわかりましたか。□に当てはまる言葉を、文章中から抜き出しなさい。　5点×3〔15点〕

アデリーペンギンの群れの中の三羽にⓐ□□□□□□□□□□調べた結果、三羽がⓑ□□□□□□でⓒ□□□□餌を捕っていることがわかった。

2 アデリーペンギンが**1**のような行動を取るのは、何のためですか。□に当てはまる言葉を、文章中の言葉を使って七字で書きなさい。　〔15点〕

□□□□□□□を避けるため。

3 ――線②「潜水の開始と終了だけをわざわざ一致させている」について答えなさい。

(1) ――線②の行動から外れる行動を取ったアデリーペンギンの様子を表す一文を文章中から探し、初めの五字を書きなさい。　〔10点〕

□□□□□

漢字を読もう！ ①詳しい　②範囲　③繁殖地
←答えは左ページ

私たちは、群れの中の三羽に深度記録計を取り付けて調べてみた。＊図3がその結果である。三羽が異なる深さで餌を捕っていることがわかる。同じような深さで餌捕りをすれば、餌をめぐって競争は激しくなる。それを避《さ》けて、別々に行動しているのだ。つまり、彼らは、②潜水の開始と終了だけをわざわざ一致《いっち》させていることになる。なぜ、このような行動を取るのだろう。

何日も観察していると、その理由が見えてきた。あるとき、ペンギンたちがてんでんばらばらに、ものすごい勢いで氷の上に飛び出してきた。その直後に、ウェッデルアザラシが水面に顔を出した。ウェッデルアザラシは、普段は深い所で小魚を捕《つか》まえているが、氷が多い場所では水面に浮かぶ氷の陰に隠れて、飛び込んでくるアデリーペンギンを狙《ねら》っている。潜水開始と終了を一致させるペンギンたちの行動は、イワシなどの小魚が、群れになって捕食《ほしょく》者の目をくらませるのと同じように、捕食者から身を守るための行動であるようだ。野生のペンギンにとっては、餌を効率よく捕ることも重要だが、捕食者に食べられないこともまた重要なのだ。

十分な餌をもらい、捕食者から守られている水族館では、ペンギンたちはのんびりと暮らしている。しかし、野生のペンギンの行動を調べてみると、③生き残りをかけ、さまざまな工夫を凝《こ》らしていることがわかる。

野生動物に記録計を取り付けるという大胆な発想から生まれた「バイオロギング」は、生息環境における動物たちのありのままの行動を調べることを可能にした。

〔佐藤《さとう》 克文《かつふみ》「生物が記録する科学——バイオロギングの可能性」による〕

＊図3は省略しています。

(2) やや難 アデリーペンギンが(1)の行動を取ったのは、なぜですか。〔15点〕

(3) アデリーペンギンが「潜水の開始と終了だけをわざわざ一致させている」のは、何のためですか。文章中から抜き出しなさい。〔15点〕

4 よく出る ——線③「生き残りをかけ、さまざまな工夫を凝らしている」とありますが、野生のペンギンが生き残るためには、何が重要なのですか。次から二つ選び、記号で答えなさい。10点×2〔20点〕

ア 十分な餌をもらうこと。
イ 他の仲間より長く潜ること。
ウ 餌を効率よく捕ること。
エ 競争に勝って餌を多く得ること。
オ 捕食者に食べられないようにすること。

5 「バイオロギング」によって、どのようなことが可能になりましたか。文章中から抜き出しなさい。〔10点〕

漢字で書こう！ ①くわ(しい) ②はんい ③はんしょくち
答えは右ページ➡

教科書 p.284～p.289

古典の世界を広げる

テストに出る！ 予想問題

次の文章を読んで、問題に答えなさい。

解答 p.12

15分 ／100点

源氏方の武将、熊谷 次郎直実《くまがえのじろうなおざね》は、平家方の一人の武将と対峙《たいじ》する。我《わ》が子小次郎《こじろう》と同じ年頃の若武者だった。熊谷が「名乗れば命を助けましょう」と言うと、「おまえは誰だ」と尋ねた。

「物その者で候《さうら》はねども、武蔵国《むさしのくに》の住人、熊谷次郎直実。」

と名乗り申す。

「さては、汝《なんぢ》にあうては名乗るまじいぞ。汝がためにはよい敵《かたき》ぞ。名乗らずとも頸《くび》を取つて人に問へ。見知らうずるぞ。」

とぞ宣《のたま》ひける。熊谷、「あつぱれ、大将軍や。この人一人《いちにん》討《う》ち奉《たてまつ》りたりとも、負くべきいくさに勝つべきやうもなし。また討ち奉《たてまつ》らずとも、勝つべきいくさに負くることもよもあらじ。小次郎が薄手《うすで》負うたるをだに、直実は心苦しうこそ思ふに、この殿《との》の父、討たれぬと聞いて、いかばかりか嘆《なげ》きたまはんずらん。①あはれ助け奉らばや。」と思ひて、後ろをきつと見ければ、②土肥《とひ》、梶原《かぢはら》五十騎《き》ばかりで続いたり。熊谷涙をおさへて申しけるは、

「助け参らせんとは存じ候へども、御方《みかた》の軍兵雲霞《ぐんびやううんか》のごとく候《さうらふ》。よも逃れさせたまはじ。人手《ひとで》にかけ参らせんより、同じくは直実が手にかけ参らせて、後《のち》の御孝養《おんけうやう》をこそ仕《つかまつ》り候はめ。」

と申しければ、

「ただとくとく頸を取れ。」

とぞ宣ひける。熊谷あまりにいとほしくて、いづくに刀を立つべしともおぼえず、目もくれ心も消え果てて、前後不覚《ぜんごふかく》におぼえけれども、さてしもあるべきことならねば、③泣く泣く頸をぞかいてんげる。

〔「敦盛《あつもり》の最期《さいご》――『平家物語』から」による〕

主題

◇「扇の的」より一年ほど前の話。源氏方の若武者を手にかけることに苦悩する。源氏方の武将熊谷《くまがえ》は、平家方の非情さに心を痛める武士の姿が描かれている。

5分間攻略ブック p.15

1 よく出る ――線①「あはれ助け奉らばや。」と熊谷が思ったのは、なぜですか。次から二つ選び、記号で答えなさい。 25点×2〔50点〕

ア 若武者の正体が、身分の高い大将軍だったから。
イ 若武者が命乞いをする様子が哀れだったから。
ウ 若武者の命を助ければ、我が子の命も助かるから。
エ 若武者が討たれれば、その父親が悲しむから。
オ いくさの勝敗は既に決まっているから。

□ □

2 ――線②「土肥、梶原五十騎ばかりで続いたり」の様子を、何にたとえていますか。文章中から二字で抜き出しなさい。〔25点〕

□□

3 やや難 ――線③「泣く泣く頸をぞかいてんげる」とありますが、熊谷は首を切った後どのようにしようと考えていましたか。次から一つ選び、記号で答えなさい。〔25点〕

ア 若武者の供養《くよう》をしよう。
イ 若武者の父親と共に嘆こう。
ウ 若武者の正体を確かめよう。
エ いくさを終わらせて国に帰ろう。

□

中間・期末の攻略本

解答と解説

取りはずし
使えます!

光村図書版　国語2年

p.2～p.3 見えないだけ

◇

1	2	3	4	5	6	7	8	9
口語自由詩	二	ⓐ対句 ⓑ擬人法	ウ	5 6	美しい季節	(1) イ (2) 6・8 (3) 例早く会いたい	●もっと青い空 ●もっと大きな海 ●優しい世界 ●美しい季節 ●新しい友だち	エ

（●は順不同）

解説

3 ⓐこの部分の他に、5・6行目と7・8行目と9・10行目が二行一組で対応し、対句になっている。

5 5行目の「胸の奥で」に着目する。自分の心の中にも、まだ見えない世界がある。

6 「美しい季節」が「さし出している」と、人間でないものを人間にたとえる擬人法が用いられている。

7 (3)「待ちかねる」という言葉から、今か今かと待つ様子が伝わってくる。

8 今は「見えない」ものが「確かに在るもの」であり、第一連で五つ挙げている。

9 待ち受けている明るい未来に期待して、若者たちに今を前向きに生きていってほしいという作者の思いを読み取る。

最終チェック

↓詩の構成と内容をつかむ！

第一連…今は見えない新しい発見や出会い
第二連…未来への思い

p.6～p.7 アイスプラネット

◇

1	2	3	4	5	6	7	8
イ	ぶっきらぼう	僕の家を出ていった	ウ	もう一つの宇宙	例世界に対する好奇心にあふれている状態。	ⓐ美しいこと ⓑ生きている ⓒ自分の目	ウ

解説

2 ぐうちゃんには、「僕」の気持ちがわからなかったのだ。

4 「僕」はほらでもいいから話をまた聞きたいと思っていたのに、ぐうちゃんは突然旅立ってしまった。取り残された「僕」の寂しさと不満を読み取る。

6 「世界のさまざまなことに興味をもっている状態。」「世界についていろいろ知ろうとしている状態。」などでもよい。

7 「それを自分の目で確かめてほしいんだ。」の「それ」が表す内容を捉える。ぐうちゃんは、自分と同じように「僕」にも世界へ出て、いろいろなものを見てほしいと思っていることがわかる。

8 「僕」は、大きなナマズも、アイスプラネットも、ぐうちゃんのほら話だと思っていた。手紙の文面と二枚の写真は、それらがほら話でなく、現実だということ、世界はそのような驚きで満ちているということを伝えていた。

最終チェック

↓ぐうちゃんの人物像は？

あまり生活感がなく、ぐうたら生きているように見える。しかし本当は、好奇心にあふれ、世界を旅して自分の目で確かめるという生き方をしている。

p.10～p.11 枕草子《まくらのそうし》／漢字1

1	1	をかし
	2	ようようしろくなりゆくやまぎわ
	3	② ウ　⑥ ア
	4	月のころ
	5	④ 烏　⑤ 雁（など）
	6	日入り果て
	7	例昼になって、寒さがだんだんゆるんでいくと、火桶の火が白い灰ばかりになる様子。
2	1	二つ三つばかりなるちご
	2	ⓐ 例かき払わない　ⓑ 例顔を傾け
	3	エ
	4	明るい
	5	(1) ⓐ 川　ⓑ 例牛が歩くの　(2) 例水晶などが割れた様子。
3		① オ　② カ　③ イ　④ ア　⑤ エ

解説

1

1「をかし」は、「趣がある・風情《ふぜい》がある」という意味。

3 ⑥「つきづきし」は、「わろし」（好ましくない）と対照的に使われている。

6「風の音、虫の音《ね》」に着目。

7 寒さの中で炭が赤く燃えているときと違い、冬らしくないので好ましくないというのだ。

2

1「いそぎて這《は》ひ来る」から「見せたる」までの動作は、全て「二つ三つばかりなるちご」のもの。

3 幼い子供や雀《すずめ》の子のかわいらしい様子を挙げている。

5 水しぶきが月の光を反射して輝く様子を、水晶の輝きにたとえている。

3

③「日が↓没する」、④「閉める↑会を」、⑤「熱い↓戦い」。

最終チェック

➡現代とは意味が異なる語に注意！

・あはれなり＝しみじみとしたものを感じさせる。

p.14～p.15 クマゼミ増加の原因を探る

◇	1	孵化して土に潜る段階
	2	(1) ア　(2) 例都市化が進んだ
	3	A 例多い　B 例少ない　C 例硬い　D 例軟らかい
	4	まず、四段～を観察した
	5	例硬い土に潜る能力が圧倒的に高いこと。
	6	冬の寒さの緩和
	7	例物事の原因を追究するには、科学的な根拠を一歩一歩積み上げて臨む姿勢が大切であるという考え。

解説

◇

2 (1)・(2)「しかし、都市化の進んだ……」以降で、大阪市内の地面の特徴を挙げている。アは、幼虫が潜りやすい地面の特徴で、都市化が進むと失われてしまう。

3「この違い」は、直前の文の内容を指している。クマゼミの多い場所は土が硬いことを捉える。

4 セミの幼虫が土に潜る能力を比較する実験。「具体的な方法」なので、「この仮説を……比較した。」の一文は含めない。

5「硬化した地面にも潜ることができる」という仮説が立証される結果が出たのだ。

7 筆者は、検証によって否定された仮説も挙げることで、原因の追究のためには検証が大切であることを示している。

最終チェック

➡「卵の段階」に注目した、［仮説1］の検証の結果を押さえる！

仮説・冬の寒さが緩和され、越冬できる卵が増えた。

検証の結果・クマゼミの卵は寒さに強く、昔の大阪でも十分越冬できた。

→冬の寒さの緩和は、クマゼミ増加の原因ではない。

p.16～p.17 文法への扉1

問	番号	解答
1	①	吹く
	②	快い
	③	さわやかだ
2	①	エ
	②	ア
3	①	ウ
	②	オ
	③	イ
	④	ア
	⑤	エ
4	①	ウ
	②	ア
	③	イ
5	①	カ
	②	ウ
	③	イ
6	①	ウ
	②	ア

7	A	B
①	カ	ウ
②	ウ	オ
③	オ	イ
④	カ	ア

解説

1 まず活用するかしないかを確認。「初夏・夕暮れ」は名詞。

2 ②補助の関係で連文節を作っている場合は、「寒くあまりない」と語順を入れ替えると、文の意味が壊れてしまう。

3 ②「こと」は、上の連体修飾語「学ぶ」を省くと意味がわからなくなるので、形式名詞。

4 ①「決して」の下には「ない」などの決まった言い方がくるので、呼応の副詞。②は状態の副詞、③は程度の副詞。

6 ①驚きなども含め、物事に感動したときに出るような言葉は、「感動」に分類される。

7 ①「大きな」、②「さらに」、③「少し」は活用しない。連体詞か副詞かは、修飾している語で判断。④A「ある」は、「存在する」の意味ではない。

最終チェック

「きれいな」「大きな」「大きい」はみんな品詞が違う！

・きれいな花→○きれいだ。［言い切りの形「～だ」にできる。（活用する）］＝形容動詞
・大きな花→×大きだ。［言い切りの形にできない。（活用しない）］＝連体詞
・大きい→○大きい花［体言に付くとき、「～な」の形には活用しない。］＝形容詞

p.18～p.19 「自分で考える時間」をもとう

◇			解答
1	(1)		ウ
	(2)	ⓐ	放送局
		ⓑ	地域
2	(1)	ⓐ	違いが出るのは当然
		ⓑ	ニュースが間違っている
	(2)	●	例ミスから誤った情報が入り込むこと。
		●	例どちらかの立場に肩入れした情報を伝えること。
3			自分で考える時間
			複数のメディア
4			例情報を発信する立場になったときに、間違った情報を伝える危険性が薄らぐ。

（●は順不同）

解説

◇

1 (1)どのような人たちにどのような情報を伝えているかを、例として挙げている。(2)「また」「さらに」と、二つの例を付け加えている。

2 (1)・(2)筆者は、担当者の判断などによってニュースの編集のしかたが変わることを否定はしていない。しかし、誤った情報や立場のかたよった情報は、あってはならないことだと考えている。

3 ――線③の後の二つの文の内容を読み取る。情報は編集されたものであることを前提として、その情報について自分で考える必要があるというのだ。

4 情報を発信する立場になったときにも、情報を注意深く扱えるようになるというのだ。

最終チェック

筆者の考える編集とは？

情報の編集といっても、難しい作業ではない。出来事をどんな順番で、どのように伝えるか、といった話の内容を考えることも、編集に当たる。

p.22～p.23 短歌に親しむ／短歌を味わう

1	1	●夜がふけてゆく状況 ／ ●蛙の声が空に響く様子
	2	死に近き母
	3	母の死と向き合う悲しみ
	4	体言止め
	5	(1) もっと安らかで悠然としていた ／ (2) 水仙の白
2	1	三句切れ
	2	●白 ／ ●青
	3	ⓐ 秋 ／ ⓑ 雲 ／ ⓒ 例浮かぶ
	4	(1) 君には一日 ／ (2) エ
	5	① D ／ ② B ／ ③ A ／ ④ C ／ ⑤ E

（●は順不同）

解説

1

1 夜が静かにふけていく中、遠く蛙《かえる》の声だけが聞こえてくるのだ。

3 死にゆく母を前にして、その死を受け入れなければならない悲しみと向き合っている。

5 (1)「鯨の世紀、恐竜の世紀」は、地球上に人類が誕生する前の「遠い昔の地球」であることを捉える。(2)「とてつもなく長い時間」⇔「一滴の時間」と、対照的な時間を表す。

2

1 「理由あり」で意味が切れる。

2 青い空と海に囲まれても、周りに染まらずにただよう白鳥の姿を歌っている。

3 「秋の雲浮き」とある。

4 「君には一日《ひとひ》」だが、「我には一生《ひとよ》」と、「君」と「我」との思いの違いが強調されている。

5 ③蛇行しないまっすぐな川のほうがむだなく早く流れるが、急ぐだけがいいわけではない。④「十五の心」とは、「十五歳の頃の心」。

最終チェック

↓音数の数え方を確認！

小さい「っ」は一字で、「ゃ・ゅ・ょ」を含む音は二字で一音。

例いいってもんじゃ→七音

p.24～p.25 言葉の力／言葉1

1	1	桜の皮
	2	桜の花が咲く直前（の頃）
	3	春先、もう
	4	木全体の一刻も休むことない活動の精髄
	5	ア
	6	ウ
2	①	破る
	②	反対
	③	厚い
	④	濃い

解説

1

1 桜の花びらではなく、桜の皮から取り出したのだ。

3 直後の一文で、「～からである」と理由を述べている。

4 直前の文に着目する。「木全体の一刻も休むことない活動の精髄が、……桜の花びらという一つの現象になる」と、桜の花びらのピンクについて説明している。

5 桜の花びらと言葉とを対応させて説明している。花びらの色は幹の活動から生み出される。では、言葉は何から生み出されるのかを捉える。

6 直前の文の「そういう態度」が指すものを捉える。一語一語の花びらが背後に大きな幹を背負っていることを念頭におきながら、言葉というものを考えるという態度のこと。「大きな幹」は、言葉を発する人間全体のこと。

2

③・④「薄い」は多義語なので、それぞれの意味に応じた対義語を考える。

最終チェック

↓筆者が考える、言葉と人間との関わりを捉える！

単独にそれだけで美しい、正しいと決まっている言葉はない。言葉は、それを発している人間全体を反映しているのだから、美しい言葉、正しい言葉は、背後にある人間全体を映して、初めて成り立つのである。

p.28～p.29 盆土産《みやげ》

1	2	3	4	5	6	7
例祖母は昨夜の食卓の様子を祖父と母親に報告しているのだろうか。	ウ	ア	イ	まだ何か言いたげだった	イ	例愛情

解説

2 「墓を上目で見る」とは、うつむいた姿勢になったということ。自分たちだけいい思いをして、早死にした母親に申し訳ないと思っている。

3 日がかげり、河鹿《かじか》が鳴き始める夕暮れという、もの悲しい情景に、別れる親子の気持ちを重ねている。直前の「父親が夕方の……」から場面が変わることも押さえておこう。

4 直前の「なぜだか不意にしゃくり上げそうになって」に着目する。別れのつらさが急にこみ上げてきて泣きそうになったがこらえている。

5 少年に何か言ってやりたかったが、父親もまた、うまい言葉が見つからなかったのだ。

6 別れの寂しさが高まったところに「頭が混乱し」て、つい言ってしまったのである。

7 少年にとって「えびフライ」は、家族のために父親が大切に運んできてくれた、愛情を感じさせるものである。

最終チェック

帰郷する父親と、少年と姉とが互いを思いやる姿を想像する！

・少年と姉…父親を喜ばせようと、少年は雑魚《ざこ》を釣り、姉はそれで生そばのだしを作ろうとしていた。

・父親…帰れないはずだったが、一日半だけ休暇をもらった。土産《みやげ》のえびの鮮度を保つために、一晩中、眠りを寸断して冷やし続けてきた。

p.32～p.33 字のない葉書《はがき》

1 (1)	1 (2)	2 (1)	2 (2)	2 (3)	3	4	5	6	7	8
妹は、まだ字が書けなかった。	例娘が元気で暮らしているかを知るため。	例とても楽しく元気に過ごしている様子。	地元婦人会～くださった	情けない黒鉛筆の小マル	エ	例百日ぜきをわずらい、葉書を出せなくなったから。	喜ばせる	出窓で見張っていた	●ア ●エ	例驚きながらも、子供を思う父の愛情に感動する気持ち。

（●は順不同）

解説

1 (2)「元気な日はマルを」と言ってきかせたことからも、元気でいるかどうかを知りたいという父の気持ちがわかる。

2 (1)赤鉛筆で書かれた特大のマルなので、「とても」「非常に」など、「楽しさ」「元気さ」を強調する言葉が必要。

4 病気になったことが原因で葉書《はがき》を出せなかったことをまとめる。

5 妹を喜ばせたいと思う「私」たちと、父も同じ気持ちだったのだ。

6 「はだしで表へ飛び出した」父の行動も、妹の帰りを待ちわびていたことの表れである。

8 「私」は初めて見た光景に驚きながらも、父が妹を心から心配していたことに心を打たれている。

最終チェック

父の気持ちを推《お》し量る表現を押さえる！

「暴君ではあったが、……書けなかったのであろう。もしかしたら、……やってみたのかもしれない。」（教p.107）

→大人になった今の「私」は、父の気持ちを理解できるようになった。

p.34～p.35 言葉2／漢字2

1

	ⓐ	ⓑ	ⓒ	ⓓ
①	イ	イ	ウ	ア
②	ウ	イ	ウ	ア

2

①	例いただく
②	例いらっしゃる
③	例お届けし
④	例お飲みになり

3

①	例お待ちになる
②	例拝見する
③	○
④	例戻り
⑤	○
⑥	例おっしゃい

4

①	例お使いになる
②	例召しあがる

5

	A	B
①	図	諮
②	伸	延
③	執	捕
④	感傷	干渉
⑤	快方	開放
⑥	並行	平衡

解説

1 ①ⓐは先生、ⓑ・ⓒは林さんに対しての敬意を表す。

2 ①・③は自分自身の行為なので謙譲語、②・④は話題の中の人物の行為なので尊敬語を使う。②「行かれる・おいでになる」、④「飲まれ」でもよい。

3 ①・⑥は尊敬語、②は謙譲語に直す。③自分自身の行為なので、謙譲語のままでよい。④身内には尊敬語を使わない。

4 ①「お使いになる」に「れる」が重なっている。②「召しあがる」は、それだけで尊敬語。「お」は付けない。「なさる」も必要ない。

5 ①A「意図」B「諮問」、②A「屈伸《くっしん》」B「延期」、③A「執筆」B「捕獲」など。⑤A「快い方向」B「開け放つ」の意味。「解き放つ」ではない。

最終チェック

↓複数の言い方がある尊敬語・謙譲語に注意！

話す
・おっしゃる／お話しになる／話される…尊敬語
・申す・申しあげる／お話しする…謙譲語

p.38～p.39 モアイは語る——地球の未来

◇

問	解答
1	ⓐ表層土壌 ⓑ栽培 ⓒ船 ⓓ魚 ⓔ食料危機
2	イ
3	地球始まっ～な人口爆発
4	食料不足や資源の不足が恒常化する（危険性）
5	Ⅰ イースター島　Ⅱ ⓐ 例森林資源が枯渇し、（人々が）飢餓に直面した　ⓑ どこからも食料を運んでくること
6	ウ
7	例有限の資源をできるだけ効率よく、長期にわたって利用する方策を考えること。
8	イースター島のこ

解説

◇ 1 森の消滅《しょうめつ》がどのようにして文明を崩壊させていったのか、順に出来事を捉える。

2 「生命線」は、生きるために守り通さなければならない限界のこと。

3 「現代の私たちは、……生きている。」が現代の状況を表している。

4 同じ段落の最後に「食料不足や資源の不足が恒常化する危険性は大きい」とある。

5・6 地球も、広大な宇宙から見たら、外部との関わりがない絶海の孤島状態なのだ。

7 最後の二文でイースター島の運命から何を学ぶべきなのか、筆者は主張を述べている。

8 「モアイを作った文明は、いったいどうなったのだろうか」という問題提起の答えを述べている部分までが、前半。

最終チェック

↓イースター島と地球の共通点を押さえる！

絶海の孤島のイースター島（孤立した状態）＝広大な宇宙という漆黒の海にぽっかりと浮かぶ青い生命の島、地球。

p.40～p.41 月夜の浜辺

◇

1		2	3		4	5		6	7	8
ⓐ	ⓑ		ⓐ	ⓑ		(1)	(2)			
口語	六	ウ	波打際	ボタン	イ	エ	なぜだかそれを捨てるに忍びず	指先に沁み、心に沁みた。	例 捨てられない。	ウ

解説

◇

4 第一・第三連から、月の光が差す浜辺に波が打ち寄せ、「僕」以外誰もいない情景が思い浮かぶ。

5 (2)「それ」＝「ボタン」を捨てられない様子を、月に向けても浪《なみ》に向けても投げ捨てることができないと表現している。「捨てるに忍びず」は、「捨てるのは気の毒で耐《た》えられない」という意味。

6 ボタンに触れた指先から心にまで沁《し》み入って、ただのボタンとは異なる思い入れを感じているのだ。

7 反語の形で、「捨てられない」という、作者のボタンへの愛着が表れている。

8 浜辺に落ちていただけのボタンだが、なぜか深く心を動かされ、愛着を感じている。

最終チェック

ボタンを「袂《たもと》に入れた」ときの様子は?

ボタンを捨てるに忍びないと思って「袂に入れた」ことから、大切そうにそっと入れた様子が思い浮かぶ。「袂」は、「和服のそでの袋のようになっている部分」のこと。

p.44～p.45 平家物語／扇の的――「平家物語」から

1

1	2		3
エ	● おごれる人も久しからず	● たけき者もつひには滅びぬ	風の前の塵

2

1				2		3	4	5	6	7	8		9
ⓐ	ⓑ	ⓒ	ⓓ								(1)	(2)	
つがい	いうじょう	かなめぎわ	ひょうふっと	● イ	● エ	イ	扇は空へぞ上がりける	扇（は）	ウ	例 与一が扇を射たのがあまりにおもしろく、感に堪えなかったから。	ⓐ 伊勢三郎義盛 ⓑ 与一	例 舞っている男を射よ。	イ

（●は順不同）

解説

1

2 「権力におごる人も長くは続かない」「武に強い者も結局は滅《ほろ》んでしまう」という内容を捉える。

2

1 ⓑ「ぢやう→じやう→じょう」と直す。

2 ウ「さつと」は、扇が散り落ちる様子を表す擬態語。

5 海へさっと散り落ちたのは、与一《よいち》が射切った「扇」。

6 与一の腕前に感嘆《かんたん》し、味方の源氏だけでなく、敵方の平家も与一をほめたたえている。

7 「あまりのおもしろさに、感に堪へざるにや」とある。

8 (2)与一が、舞っている男を射倒したことから考える。

9 皆が感動しているときに、男を射倒してしまうのは、心ない行為だと思っている。

最終チェック

扇が海に散り落ちた場面の色彩《しきさい》に注目!

夕日に輝く白い波。その上に漂う、金の日輪を描いた真っ赤な扇。

p.48〜p.49 仁和寺《にんなじ》にある法師——「徒然草《つれづれぐさ》」から

大問	番号		解答
1	1	(1)	随筆
		(2)	ア
	2	ⓐ	あやしゅう
		ⓑ	ものぐるおしけれ
	3	①	例 一日中
		②	例 とりとめもないこと
	4		イ
2	1	ⓐ	エ
		ⓑ	ウ
	2	Ⅰ	こそ
		Ⅱ	けれ
		Ⅲ	尊く
	3	ⓐ	極楽寺・高良など
		ⓑ	石清水
	4		例 石清水を拝むこと。
	5		エ
	6		神へ参るこそ本意なれ（と思ひて）
	7		イ
	8		例 ささいなことにも、その道の先導者がいるといい。

解説

1 **3** ①「一日暮らす」ことから、「一日中」の意味。

4 「そこはかとなく」は、「何というあてもなく」の意味。

2 **3** 法師は、付属の寺社の「極楽寺《ごくらくじ》・高良《こうら》（神社）など」を拝んで、「石清水《いわしみず》（八幡宮《はちまんぐう》）」は「かばかり（＝これだけのもの）」と思い込んだのである。

5 他の参拝客は、石清水が山上にあることを知っていた。

6・7 「石清水へ参拝することが本来の目的だと思って」、何事があったのだろうか知りたかったけれど、山までは見なかった、というのだ。法師は、勘違いに気づかずにいる。

8 最後の一文が、作者の感想。法師が失敗したのは、先導者をもたずに思い込みで行動したからである。

最終チェック

↓法師の人物像は？

・真面目で信心深い。

・思い込みにとらわれ、融通《ゆうずう》がきかない。

p.52〜p.53 漢詩の風景

大問	番号			解答
1	1			花ハ欲スレ然エント
	2			碧・白・青・然
	3	Ⅰ		三
		Ⅱ		転句
	4			例 いつ故郷へ帰れるかわからない自分の身の上をなげく思い。
2	1			七言絶句
	2			煙花三月揚州に下る
	3	(1)	Ⅰ	例 古くからの親友
			Ⅱ	孟浩然
		(2)		揚州〔または〕広陵
	4			碧空に尽き
	5	(1)		例 長江の天際に流るるを唯だ見る
		(2)		エ
3	1			五言律詩
	2			渾べて簪に勝へざらんと欲す
	3			エ
	4			●三・四
				●五・六
	5			イ

（●は順不同）

解説

1 **2** 「然」は「燃」と同じで、燃えるような赤い色を表す。

4 いつ帰れるかわからない、故郷を思う気持ちが書かれていれば正解。

2 **3** (1)「故人」は、「亡《な》くなった人」という意味ではない。(2)「西のかた」にある「黄鶴楼《こうかくろう》」は、出発する場所。

4 帆掛け船が遠ざかり、青空のかなたに消えていった。

5 (2)友の姿は消えたが、その場を離れがたいのだ。倒置で悲しみが強調されている。

3 **3** 「山河在り」は、戦乱によって破壊しつくされた中、変わらない自然の様子を表す。

4 律詩では、第三・第四句、第五・第六句が必ず対句になる。

最終チェック

↓唐《とう》代の二大詩人！

杜甫《とほ》…都を追われるなど、不遇《ふぐう》の一生だった。

李白《りはく》…酒と自然と自由を愛し、放浪生活を送った。

p.56〜p.57 君は「最後の晩餐《ばんさん》」を知っているか

◇

問	解答
1	いろいろな心の動き
2	例人体の解剖を通して骨格や筋肉の研究をし、人の体がどのような仕組みでできているかを知り尽くしていたから。
3 (1)	例遠くのものは小さく見えるという原理。
3 (2)	奥行き
4 ⓐ	（遠近法の）消失点
4 ⓑ	キリストの額
4 ⓒ	例絵を見る人の視線がキリストに集まる
5	例キリストの右のこめかみにあるくぎの穴の跡。
6	イ
7	この壁画は
8 ⓐ	解剖学、遠近法、明暗法
8 ⓑ	新しい絵

解説

◇ **1・2** 「手の動き」の描写には、解剖学が生かされている。

4 「その点（＝消失点）の位置が、キリストの額」なので、「絵を見る人の視線は自然とキリストに集ま」り、キリストが主人公だと思うのだ。

5 「その証拠に」以下に着目。

6 レオナルドは、「キリストの右のこめかみ」から糸を張って画面の構図を設計し、絵の主人公はキリストだと思わせるように計算して描いたのだ。

7 直前の「そのため」がどこを受けているかに着目。

8 「レオナルドが究めた……そのあらゆる可能性」が、「それまで誰も描かなかった新しい絵」に現れているのだ。

最終チェック

絵の題材を押さえる！

弟子の裏切りにより磔刑《たっけい》になるキリスト。刑の執行前日の、弟子たちとの「最後の晩《ばん》餐《さん》」の光景。

p.58〜p.59 文法への扉2

1

①	②	③	④	⑤	⑥
そ	し	せ	け	ける	けろ

2

①	②	③
複雑な	多く	大変でしょ

3

	①	②	③	④	⑤	⑥	⑦	⑧
Ⅰ	ア	ウ	ア	イ	オ	エ	オ	ウ
Ⅱ	イ	オ	エ	ア	カ	ア	イ	ウ

4

	①	②	③	④	⑤	⑥	⑦	⑧
	B	A	A	B	B	A	B	A
活用形	ウ	イ	ア	エ	イ	イ	イ	オ

5

	①	②	③
A	イ	ア	ウ
B	ア	ウ	ア

解説

2 ③「〜です」の形の形容動詞。

3 「ない」を付けて、直前の音で見分ける。①「行かない」、②「下げない」、③「書かない」、④「見ない」、⑧「出ない」。わかりにくい場合は、「行く→行かない」と、一度終止形に直してから付けるとよい。

4 それぞれの終止形は、①「重要だ」、②「明るい」、③「楽しい」、④「安全だ」、⑤「きれいだ」、⑥「おもしろい」、⑦「立派です」、⑧「欲しい」。

5 ②A「飲まない」、B「飲めない」。「飲める」は、五段活用の「飲む」からできた可能動詞で、下一段活用。

最終チェック

「と・から・けれど」に続くのは終止形！

文の意味がいったん区切れる場合は、連体形ではなく、終止形。例外に出ると寒かった。→「外に出る」で区切れる。

p.62〜p.63 走れメロス

◇

問	答え
1	例人の心を信じることができないから。
2	人の心を疑うのは、最も恥ずべき悪徳だ。
3	私欲の塊
4	イ
5	必ず、ここへ帰ってきます
6	ウ
7	イ
8	例自分が助かるために、約束の期限になっても戻ってこないと考えている。

解説

◇ **1〜3** 王は人の心を信じられずにいて、メロスは人の心を信じていることを捉える。

5 直後の「逃がした小鳥が……言うのか。」は、メロスを小鳥にたとえた表現。自由を得たメロスが帰ってくるはずがないというのだ。

6 王は、メロスが帰ってこないことを利用して、自身の人間不信の理由を補強できるともくろんでいるのだ。

7 王の提案を聞き、ひきょうなことをしてまでも助かりたいと思われていると知り、メロスは憤慨《ふんがい》したのである。

8 王は、メロスも「私欲の塊」で、友を利用して自分だけ助かろうとしているのだと、本心を見透かしたつもりでいる。

最終チェック

疲れ切ったメロスが再び走り出すまでの心情の変化を捉える！

①疲れ切って動けず、投げやりな気持ちになる。（教p.204〜p.205）
②友を欺くつもりはなかったと自分に言い訳する。（教p.205〜p.206）
③自暴自棄になり、どうなってもよいと開き直る。（教p.206）
④まどろみから目覚め、希望が生まれる。（教p.206〜p.207）

p.64〜p.65 文法への扉3／言葉3

問	①	②	③	④
1	イ	ウ	ア	エ
2	ウ	ア	イ	エ
3	ウ	エ	ア	イ

4	A	B
①	ウ	カ
②	オ	ア
③	イ	エ

5 例テレビ局の広報部は、番組の宣伝を行う部署である。

解説

1 自発は「自然にしのばれる」のように、「自然に」が入る。

2 ①「太っている」という状態が続くので、存続の意味。**ア**は過去、**イ**は完了、**エ**は想起。②意志の意味。**イ**は推量、**ウ**は勧誘。**エ**は助動詞「ようだ」の一部。③断定の意味。上に体言がくることが多い。**ア**は形容動詞の一部。「とても便利だ」のように、「とても」を入れることができる。**ウ**は助動詞「そうだ」の一部、**エ**は助動詞「ようだ」の一部。④否定の意味。「ぬ」に置き換えられる。**ア**は形容詞、**イ**は補助形容詞、**ウ**は形容詞「危ない」の一部。

4 ①B接続助詞は、「波が高い。だから、海へは入らない。」と、接続詞に置き換えられる。②Aは「しかし」、③Bは「すると」に置き換えられる。

5 話し言葉の「っていうのは」「なんですよ」を直す。文末は「〜です」「〜だ」でもよい。

最終チェック

過去・完了・存続・想起の助動詞「た」が濁った「だ」に注意！

例プールで泳いだ。［「泳い」は動詞「泳ぐ」のイ音便］
→「だ」の前が動詞の音便形なら、助動詞「た」が濁音化したもの。断定の助動詞「だ」と区別しよう。

[1] 1		2			3		4 愛	4 正義	5	6
●イ	●オ	木は黙っている	木は歩いたり走ったりしない	木は愛とか正義とかわめかない	③ウ	④イ	例小鳥を枝にとまらせるところ。	例地下水を根から吸いあげて、空にかえすところ。	例全ての［または］さまざまな	ウ

[2] ①	②	③	④	⑤	⑥
ア	イ	ア	ア	ア	イ

（●は順不同）

解説

[1] **2** 木を好きなことを疑問に思っている訳ではないので、「から好きだ」は除いて答える。

3 ③「空にむかって」、④「地の下へ」に着目する。

4 それぞれ「それでなかったら」の後に書かれている木の様子をまとめる。

5 次の連の「ひとつとして同じ木がない」から、「若木／老樹」以外の木も含むことを捉える。

6 第三～第五連の内容を受けて、「大好きだ」と言っている。**ア**は、第一連の「好きだ」の理由であり、第二連で疑問を投げかけているので不適切。

[2] ③副詞は原則、最後の音節を送る。⑥動詞「偏る」からできた名詞なので、「偏る」の送り仮名の付け方にそろえる。

最終チェック

↓対照的な連を捉える！

第一連…木の表面的な部分を見ている。

第三連…木の内面的な部分を見ている。

[◇] 1		2 (1)		2 (2)	3	4	5	6
ⓐ新兵衛	ⓑ貸した	●猩々緋（の羽織）	●唐冠のかぶと	例自分の実力	エ	ア	例敵にいつものようなおじけがなく、勇み立っている様子。	ウ

（●は順不同）

解説

[◇] **1** 新兵衛《しんべえ》が羽織《はおり》とかぶとを貸した若い士《さむらい》を指す。

2 新兵衛が貸した「形」の力のおかげで活躍する若い士の姿に満足しつつ、自身は、その「形」がなくても戦えると思っている。

3 迷いもなく敵陣に向かう様子からは、新兵衛の自分の力に対する絶大な自信がうかがえる。

4 「形」を身に着けていない新兵衛＝黒革おどしの武者は、敵にとっては名もない武者でしかなかったのだ。

5・6 新兵衛は、敵兵がいつもと違う様子であり、苦戦を強いられる状況になって、自分が貸してしまった「形」のもつ力に気づきかけたのだ。

最終チェック

↓「形」のもつ力の大きさを捉える！

形 ＝ ・猩々緋《しょうじょうひ》の羽織 ・唐冠《とうかん》のかぶと → 「槍中村《やりなかむら》」の姿を作り出していた。

→初めは槍の実力によって恐れられていたが、「形」が新兵衛の代名詞となったとき、その「形」自体が力をもつことになった。

p.70～p.71 生物が記録する科学――バイオロギングの可能性

1		2	3			4		5
ⓐ	ⓑ・ⓒ		(1)	(2)	(3)			
深度記録計を取り付けて	ⓑ 異なる深さ　ⓒ 別々に	例 餌をめぐる競争	あるとき、	例 ウェッデルアザラシに追われたから。	捕食者から身を守るため	●ウ	●オ	生息環境における動物たちのありのままの行動を調べること

（●は順不同）

解説

1 ⓑ・ⓒ 調べた結果を述べた部分に「三羽が異なる深さで餌を捕《と》っている」「別々に行動しているのだ」とある。

2 別々に行動するのは、「同じような深さで……それを避《さ》け」るためとある。

3 (1)・(2)――線②のような行動を取る理由を解明するために観察しているときに目にした光景だ。(3)ウェッデルアザラシに追われて逃げてきたアデリーペンギンの様子から、集団で行動する理由が見えてきたのだ。

4 二つ前の文で「餌を効率よく捕ることも重要だが、捕食《ほしょく》者に食べられないこともまた重要なのだ」と、野生のペンギンの特徴を述べている。

5 バイオロギングが、野生動物に記録計を取り付けて行う調査方法であることを押さえておく。記録計を付けたまま動物が行動するので、記録できる範囲が広がったのだ。

最終チェック

「バイオロギング」の可能性は？

生息環境における動物のありのままの行動を調べることが可能になる。

↓人間が知らない行動範囲のデータを得ることができる。

↓人間が思考できる範囲を大きく広げてくれる。

p.72 古典の世界を広げる

1	2	3
エ	雲霞	ア
オ		

解説

1 「あっぱれ、大将軍や。」は、若武者の態度に対しての言葉であることに注意する。熊谷《くまがえ》は、もともと平家方の大将軍と対戦したいと思って若武者の後を追っていた。「助けて差しあげたい」と思った直接の理由は、「この人一人《いちにん》……嘆《なげ》きたまはんずらん。」の部分。

2 「土肥《とひ》、梶原《かぢはら》」は味方の軍の名前。味方の軍が大勢迫ってきている様子を、辺りを取り巻く「雲霞《うんか》」にたとえている。

3 若武者を助けたいと思った熊谷だったが、味方の軍を見て助けるのは無理だと悟る。他の者に討《う》たせるよりは、せめて自分の手にかけ、後の供《く》養《よう》をすることにしようと、泣く泣く首を切ったのだ。

最終チェック

熊谷《くまがえの》次郎《じろう》直実《なおざね》の二つの立場を押さえる！

武将として	・敵の立派な大将軍と対戦したい。 ・敵の首は取らなければならない。
父親として	・我が子が軽傷を負っただけでもつらい。 ・我が子を失った父親の悲しみが想像できる。

慣用句

体に関係のある慣用句

〈頭〉

□ **頭が上がらない**＝対等になれず、相手に屈《くっ》服《ぷく》している。
□ **頭を抱《かか》える**＝困ってしまい、考え込《こ》む。

〈顔〉

□ **顔が売れる**＝広く世間に知られる。
□ **顔が利《き》く**＝権力や信用があって無理が利く。
□ **顔から火が出る**＝恥《は》ずかしくて赤面する。
□ **顔に泥《どろ》をぬる**＝恥《はじ》をかかせる。
□ **顔色を伺《うかが》う**＝人の機嫌《きげん》を見てとる。

〈目〉

□ **目が高い**＝物事を見分ける力がある。
□ **目がない**＝判断力がない。非常に好む。
□ **目に余る**＝黙《だま》って見ていられない。
□ **目に物見せる**＝思い知らせる。
□ **目の上のたんこぶ**＝邪魔《じゃま》なもののたとえ。
□ **目をかける**＝ひいきにする。

〈鼻〉

□ **鼻が高い**＝誇らしい気持ちである。
□ **鼻を折る**＝得意になっている人の面目《めんぼく》を失わせる。
□ **鼻につく**＝飽《あ》きて、嫌《いや》になる。

〈耳〉

□ **耳が早い**＝物事を早く聞き知っている。
□ **耳を傾《かたむ》ける**＝注意して熱心に聞く。
□ **耳をそろえる**＝金額の全部をとりそろえる。

〈口〉

□ **口が重い**＝無口である。
□ **口を利《き》く**＝紹介《しょうかい》する。
□ **口を滑《すべ》らす**＝うっかりしゃべってしまう。
□ **口を割る**＝隠《かく》していたことを白状する。

〈首〉

□ **首になる**＝職を辞《や》めさせられる。
□ **首が回らない**＝やりくりがつかない。
□ **首を長くする**＝今か今かと待ちわびる。

〈肩《かた》〉

□ **肩の荷が下りる**＝重い責任から解放される。
□ **肩を落とす**＝がっかりする。
□ **肩を並べる**＝対等の地位に立つ。
□ **肩を持つ**＝味方になる。

〈胸〉

□ **胸がつぶれる**＝ひどく心配する。
□ **胸を打つ**＝心に強く訴《うった》える。

〈腹〉

□ **腹が据《す》わる**＝覚悟《かくご》が決まって落ち着く。
□ **腹を抱える**＝おかしくて大笑いする。
□ **腹を探《さぐ》る**＝相手の考えを知ろうとする。
□ **腹を割る**＝思いをすべて打ち明ける。

〈手〉

□ **手がかかる**＝世話が焼ける。
□ **手を抜《ぬ》く**＝いいかげんにやる。
□ **手を焼く**＝持て余す。
□ **手をわずらわす**＝人に世話をかける。

〈足〉

□ **揚《あ》げ足を取る**＝相手の言い損《そこ》ないをとがめて、なじったりからかったりする。
□ **足がつく**＝逃《に》げた者の行方《ゆくえ》がわかる。
□ **足が出る**＝予定を超《こ》えて赤字になる。
□ **足を洗う**＝良くない仕事から離《はな》れる。

その他の慣用句

□ **油を売る**＝仕事の途中《とちゅう》で怠《なま》ける。
□ **板につく**＝職業や立場などがしっくり合う。
□ **取りつく島がない**＝頼《たよ》るところがなく、どうしようもない。
□ **虫が知らせる**＝予感がする。
□ **機が熟する**＝あることをするのにちょうどよい時機になる。
□ **猫《ねこ》をかぶる**＝おとなしそうに見せかける。
□ **横車を押《お》す**＝無理を通す。
□ **水に流す**＝過去のごたごたをなかったことにして、こだわらない。
□ **馬が合う**＝意気投合する。
□ **くぎを刺《さ》す**＝間違《まちが》いのないように念を押《お》す。

中間・期末の攻略本

テストに出る！

5分間攻略ブック

光村図書版

国語
2年

教科書の漢字をすべて出題

国語の重要ポイント総まとめ
＜文法・古典など＞

赤シートを
活用しよう！

テスト前に最後のチェック！
休み時間にも使えるよ♪

「5分間攻略ブック」は取りはずして使用できます。

★は新出漢字の教科書本文外の読み方です。

アイスプラネット

①旅行のシタクをする。
②コウガイに家を建てる。
③西日のあたるロクジョウマ。
④タンシンフニンの社員。
⑤お客様をカンゲイする。
⑥読書がユイイツの楽しみだ。
⑦ヨウチな言い訳をする。
⑧雲行きがアヤシイ。
⑨テーブルのアシにぶつかる。
⑩カンチガイに気をつける。
⑪地球は太陽系のワクセイだ。
⑫山の写真をトル。
⑬彼はほらフキだ。
⑭ユウベンな政治家。
⑮キョクタンな態度をとる。
⑯人影がなくサビシイ夜道。
⑰トツゼン雨が降り出す。
⑱時間がなくてアワテル。
⑲ロープを強くニギリシメル。
⑳オオマタで歩き始める。
㉑手紙をフウトウに入れる。
㉒ノートにシールをハル。
㉓水がツマル。
㉔叔父からつりざおをもらう。
㉕海外で暮らす伯父。
㉖★カイダン話に聞き入る。
㉗★危険なので道のハシを歩く。
㉘★セイジャクの中、耳を澄ます。
㉙★アクシュを求められる。

教 p.14~p.25

①支度〈仕度〉
②郊外
③六畳間
④単身赴任
⑤歓迎
⑥唯一
⑦幼稚
⑧怪しい
⑨脚
⑩勘違い
⑪惑星
⑫撮る
⑬吹き
⑭雄弁
⑮極端
⑯寂しい
⑰突然
⑱慌てる
⑲握りしめる
⑳大股
㉑封筒
㉒貼る
㉓詰まる
㉔おじ
㉕おじ
㉖怪談
㉗端
㉘静寂
㉙握手

枕草子《まくらのそうし》

①ムラサキ色の花を買う。
②水辺でホタルを探す。
③オモムキがある日本庭園。
④熊がネどころに帰る。
⑤庭にシモが降りる。
⑥音楽に合わせてオドル。
⑦話に耳をカタムケル。
⑧スイショウをお守りにする。
⑨★昨年と同じケイコウを示す。

教 p.28~p.31

①紫
②蛍
③趣
④寝
⑤霜
⑥踊る
⑦傾ける
⑧水晶
⑨傾向

情報整理のレッスン　思考の視覚化　教 p.32~p.33

問題	答え
①ドジョウオセンが深刻な地域。	①土壌汚染
②セイカツハイスイでよごれた川。	②生活排水
③会心のエミを浮かべる。	③笑み

漢字1　熟語の構成　教 p.38~p.39

問題	答え
①サンガク地帯で暮らす。	①山岳
②飛行機のトウジョウ口。	②搭乗
③カフクはあざなえる縄の如《ごと》し。	③禍福
④ケイチョウ用の服を用意する。	④慶弔
⑤平安センドについて調べる。	⑤遷都
⑥シュンソクを生かして盗塁する。	⑥俊足
⑦モウケンがほえる。	⑦猛犬
⑧祖母のショウゾウガ。	⑧肖像画
⑨運転メンキョショウを提示する。	⑨免許証
⑩ジガが芽生える年頃。	⑩自我
⑪バクガから作られた飲み物。	⑪麦芽
⑫シテイ対決が実現する。	⑫師弟
⑬ヒヨコのシユウを見分ける。	⑬雌雄
⑭セイジョウな空気に入れ替える。	⑭清浄
⑮冬はニチボツの時刻が早い。	⑮日没
⑯ケンギョウ農家を営む。	⑯兼業
⑰ノウム注意報が出る。	⑰濃霧
⑱顔がよく似たシマイ。	⑱姉妹
⑲ゴクヒ事項を伝達する。	⑲極秘
⑳チツジョが保たれる。	⑳秩序
㉑ダトウな判断だ。	㉑妥当
㉒トウホンセイソウして聞き回る。	㉒東奔西走
㉓人間のキドアイラク。	㉓喜怒哀楽
㉔ケイキョモウドウをつつしむ。	㉔軽挙妄動
㉕シップウジンライの攻撃。	㉕疾風迅雷
㉖ゲイインバショクをやめる。	㉖鯨飲馬食
㉗オンコウトクジツな性格。	㉗温厚篤実
㉘★予算とのカネアイを考える。	㉘兼ね合い
㉙★ようやくキリが晴れた。	㉙霧
㉚★クジラの生態を調査する。	㉚鯨

漢字に親しもう1　教 p.40

問題	答え
①評論文のヨウシをまとめる。	①要旨
②クラスのメイボを配る。	②名簿
③キニュウランに住所を書く。	③記入欄
④前回勝者のセンシュセンセイ。	④選手宣誓

★は新出漢字の教科書本文外の読み方です。

問題	答え
⑤ 二枚のゲンコウヨウシ。	⑤原稿用紙
⑥ ろうそくのシンに点火する。	⑥芯
⑦ カジョウガキでメモをする。	⑦箇条書き
⑧ 「ハイケイ」と書き出す。	⑧拝啓
⑨ ケイタイ電話を置き忘れる。	⑨携帯
⑩ 敵の攻撃をソシする。	⑩阻止
⑪ ソゼイを納める。	⑪租税
⑫ 勉強の意欲をカンキする。	⑫喚起
⑬ 宝石をちりばめたオウカン。	⑬王冠
⑭ ホウシ活動に参加する。	⑭奉仕
⑮ 日本のサイコウホウをあおぐ。	⑮最高峰
⑯ フクインをもたらす。	⑯福音
⑰ ケビョウで休む。	⑰仮病
⑱ 報酬《ほうしゅう》の二割のブアイ。	⑱歩合
⑲ サッソク作業にとりかかる。	⑲早速
⑳ シャキョウで心を落ち着かせる。	⑳写経
㉑ ケイハン地方の産業を調べる。	㉑京阪
㉒ ズシされた資料を確認する。	㉒図示
㉓ ニオウゾウが有名な寺。	㉓仁王像
㉔ シュウトクブツの保管所。	㉔拾得物
㉕ ジュウマンエンの請求書。	㉕拾万円
㉖★ 必ず勝つとチカウ。	㉖誓う
㉗★ 空高くそびえるミネ。	㉗峰

ケマゼミ増加の原因を探る

教 p.42~p.51

問題	答え
① ウカしたてのアゲハチョウ。	①羽化
② 網を使って虫をトル。	②捕る
③ 傾向がケンチョに現れる。	③顕著
④ 蛇のヌケガラ。	④抜け殻
⑤ 道路をホソウする。	⑤舗装
⑥ 衣類をカンソウさせる。	⑥乾燥
⑦ カレエダで巣を作る鳥。	⑦枯れ枝
⑧ 砂浜でウミガメがサンランする。	⑧産卵
⑨ キュウミンの状態が続く。	⑨休眠
⑩ 海中深くモグル。	⑩潜る
⑪ 高温にタエル品種の植物。	⑪耐える
⑫ 規制がカンワされる。	⑫緩和
⑬ 温度計がレイドを示す。	⑬零度
⑭ ヤワラカイご飯。	⑭軟らかい
⑮ 今年は優勝をネラウ。	⑮狙う
⑯ 資格取得のためのヒッス条件。	⑯必須

☑⑰ 事故にアウ。
☑⑱ コウカした土を耕す。
☑⑲★ 靴が大きくてユルイ。
☑⑳★ 雪山でソウナンしかけた。

⑰遭う
⑱硬化
⑲緩い
⑳遭難

思考のレッスン1　具体と抽象

教 p.52~p.53

☑① チュウショウ的な表現。
☑② イリョウヒがかさむ。
☑③ カベにポスターを貼る。
☑④ ゲンカンで靴を脱ぐ。
☑⑤ カタの荷が下りてほっとする。
☑⑥★ 校舎のヘキメンをきれいにする。

①抽象
②医療費
③壁
④玄関
⑤肩
⑥壁面

漢字に親しもう2

教 p.58

☑① イカンなく能力を発揮する。
☑② 母のようなジアイの心。
☑③ 時間にヨユウができる。
☑④ ソボクな疑問をもつ。
☑⑤ カンダイな処置を受ける。
☑⑥ ハンザツで手間のかかる手続き。
☑⑦ 絶滅《ぜつめつ》がキグされる動物。
☑⑧ 倒木が通行をサマタゲル。

①遺憾
②慈愛
③余裕
④素朴
⑤寛大
⑥煩雑
⑦危惧（惧）
⑧妨げる

☑⑨ 同じ味にアキル。
☑⑩ 草や木がシゲル。
☑⑪ 体調不良で外出をヒカエル。
☑⑫ ゴラク番組を見る。
☑⑬ ソンショクのないできばえ。
☑⑭ カンユウされて入部する。
☑⑮ コンイン届《とどけ》を出す。
☑⑯ 弟はゴウジョウな性格だ。
☑⑰ 自分自身に無理をシイル。
☑⑱ 美のメガミを描いた絵画。
☑⑲ テンニョの羽衣《はごろも》。
☑⑳★ 雑草がハンモする。
☑㉑★ 級友に入部をススメル。

⑨飽きる
⑩茂る
⑪控える
⑫娯楽
⑬遜色
⑭勧誘
⑮婚姻
⑯強情
⑰強いる
⑱女神
⑲天女
⑳繁茂
㉑勧める

メディアを比べよう／メディアの特徴を生かして情報を集めよう／「自分で考える時間」をもとう

教 p.60~p.66

☑① 会社アテに手紙を出す。
☑② 選手としてカツヤクしていた兄。
☑③ 大会カイサイに尽力する。
☑④ マンガを読むのが好きだ。
☑⑤ 近くのヒナンジョを調べる。
☑⑥ 雑誌にケイサイされる。

①宛て
②活躍
③開催
④漫画
⑤避難所
⑥掲載

★は新出漢字の教科書本文外の読み方です。

☑⑦ ツナミによる災害を防ぐ。
☑⑧ 大きなヒガイをもたらす。
☑⑨ ショセキを出版する。
☑⑩★ 優勝旗を高くカカゲル。
☑⑪★ 網棚に荷物をノセル。
☑⑫★ 多大な損害をコウムル。

⑦津波
⑧被害
⑨書籍
⑩掲げる
⑪載せる
⑫被る

短歌に親しむ　教 p.68~p.71

☑① 未来に希望をタクス。
☑② 俳句をカンショウする。
☑③ テイネイに挨拶《あいさつ》する。
☑④ ヤサシサに満ちた手紙。
☑⑤ 羊をマキに放す。
☑⑥ 空のアザヤカな青。
☑⑦ 高原の空気はサワヤカだ。
☑⑧ キョウリュウの化石が出土する。
☑⑨ スイセンの花を飾る。
☑⑩ ワガモノガオで居座る。
☑⑪ トンビがユウゼンと空を飛ぶ。
☑⑫ 保温性にスグレル。
☑⑬ イッテキの水が落ちる。

①託す
②鑑賞
③丁寧
④優しさ
⑤牧
⑥鮮やか
⑦爽やか
⑧恐竜
⑨水仙
⑩我が物顔
⑪悠然
⑫優れる
⑬一滴

☑⑭★ ソウカイな気分だ。

⑭爽快

言葉の力　教 p.74~p.77

☑① あの人はゴイが豊かだ。
☑② アワイ水色の着物。
☑③ 強い思いを内にヒメル。
☑④ ハナヤカな色の服。
☑⑤ 砂糖水をニツメル。
☑⑥ 記憶がノウリをよぎる。
☑⑦ 学問のセイズイをきわめる。
☑⑧★ タンスイにすむ魚。

①語彙（彙）
②淡い
③秘める
④華やか
⑤煮詰める
⑥脳裏
⑦精髄
⑧淡水

言葉1　類義語・対義語・多義語　教 p.78~p.79

☑① 布地をサク。
☑② カサを差して歩く。
☑③ 軒先のフウリンが鳴る。
☑④ ブタニクを使った料理。
☑⑤ 食材をコウニュウする。
☑⑥ レンカな家電を買う。
☑⑦ 忠告をシンシに受け止める。
☑⑧ 計画をジッセンする。
☑⑨ シンチョウな態度をとる。

①裂く
②傘
③風鈴
④豚肉
⑤購入
⑥廉価
⑦真摯
⑧実践
⑨慎重

☑⑩ あまりにもケイソツな行動。
☑⑪★ トンシャの清掃をする。
☑⑫★ 会場では私語をツツシム。

言葉を比べよう

☑① 新しいガイネンを学ぶ。
☑② キクの花を育てる。
☑③ ナベを使って料理する。
☑④ エンピツを削る。
☑⑤ ジュヨウの高い商品。
☑⑥★ ナマリ色の空が広がる。

翻訳作品を読み比べよう

☑① ホンヤクサクヒンを借りる。

盆土産《みやげ》

☑① おボンに先祖の霊をまつる。
☑② なすをぬかみそにツケル。
☑③ ビンカンに反応する。
☑④ トウトツに話し始める。
☑⑤ 誤りをテイセイされる。
☑⑥ 川で魚をツル。
☑⑦ キそばのおいしい店。

⑩軽率
⑪豚舎
⑫慎む

教 p.80~p.81

①概念
②菊
③鍋
④鉛筆
⑤需要
⑥鉛

教 p.84~p.85

①翻訳作品

教 p.92~p.105

①盆
②漬ける
③敏感
④唐突
⑤訂正
⑥釣る
⑦生

☑⑧ イロリに火を起こす。
☑⑨ クシヤキを食べる。
☑⑩ 絵の具の色がニゴル。
☑⑪ フキツな考えがよぎる。
☑⑫ 成長がイチジルシイ産業。
☑⑬ ヌマにすむ生物。
☑⑭ かきアゲの載った丼。
☑⑮ 大豆をすりツブス。
☑⑯ あめをかみクダク。
☑⑰ ダエキで虫歯の検査をする。
☑⑱ ワンキョクした海岸線。
☑⑲ 涙のツブが落ちる。
☑⑳ 服に泥《どろ》がハネル。
☑㉑ 畑を木のサクで囲う。
☑㉒ そんなに気にヤム必要はない。
☑㉓ カタマリの肉を買う。
☑㉔ なべのフタを閉じる。
☑㉕ レイトウショクヒンは便利だ。
☑㉖ エライ人の話を聞く。
☑㉗ ご飯がコゲル。

⑧囲炉裏
⑨串焼き
⑩濁る
⑪不吉
⑫著しい
⑬沼
⑭揚げ
⑮潰す
⑯砕く
⑰唾液
⑱湾曲
⑲粒
⑳跳ねる
㉑柵
㉒病む
㉓塊〈固まり〉
㉔蓋
㉕冷凍食品
㉖偉い
㉗焦げる

★は新出漢字の教科書本文外の読み方です。

☑㉘ チミツに織られた布地。
☑㉙ ショウジン料理を振る舞う。
☑㉚ 彼女の発音はフメイリョウだ。
☑㉛ 家族でショクタクを囲む。
☑㉜ ガケっぷちに建つ旅館。
☑㉝ 父は電車のシャショウだ。
☑㉞★ リュウシの細かい物質。
☑㉟★ チョウバが得意な体操選手。
☑㊱★ 池の水がコオル。

㉘緻密
㉙精進
㉚不明瞭
㉛食卓
㉜崖
㉝車掌
㉞粒子
㉟跳馬
㊱凍る

字のない葉書《はがき》　教 p.106~p.111

☑① 宛名《あてな》に「市長ドノ」とある封書。
☑② 元気な声でアイサツする。
☑③ 妹はテレショウだ。
☑④ タニンギョウギな話し方。
☑⑤ 木綿のふとんを使う。
☑⑥ 厚手のハダギを畳む。
☑⑦ ミシンで洋服をヌウ。
☑⑧ きのこのゾウスイを食べる。
☑⑨ 祖母の作ったぼたモチ。
☑⑩ 辛くて思わずハキダス。

①殿
②挨拶
③照れ性
④他人行儀
⑤もめん
⑥肌着
⑦縫う
⑧雑炊
⑨餅
⑩吐き出す

☑⑪ 母が姉をシカル。
☑⑫ 助けを求めてサケブ。
☑⑬★ サイホウ道具をそろえる。

⑪叱(𠮟)る
⑫叫ぶ
⑬裁縫

言葉2　敬語　教 p.117~p.119

☑① ウカガウ日時を先方に伝える。
☑② ライヒンの祝辞。
☑③ 軽率なコウイをつつしむ。
☑④ ケンジョウゴを使って話す。
☑⑤ ごホウメイの記帳をお願いする。
☑⑥ オンシャに参ります。
☑⑦ グケンを述べる。
☑⑧ ヘイシャへお越しください。
☑⑨ セッチョを寄贈する。
☑⑩ ソシナを進呈する。
☑⑪ お風《ふ》ロの掃除をする。
☑⑫ ハイカイに用いられる季語。
☑⑬★ オロカな行いをやめさせる。

①伺う
②来賓
③行為
④謙譲語
⑤芳名
⑥御社
⑦愚見
⑧弊社
⑨拙著
⑩粗品
⑪呂
⑫俳諧
⑬愚か

漢字2　同じ訓・同じ音をもつ漢字　教 p.120~p.121

☑① 病院でのゴシンを防ぐ。
☑② 責任者がチンシャする。

①誤診
②陳謝

③ ラクノウを行う。
④ カンガイ深い出来事。
⑤ シンシテキな態度に好感をもつ。
⑥ フクシセイサクを実施する。
⑦ リンリ委員会の事務局。
⑧ 問題の解決をハカル。
⑨ 法案を委員会にハカル。
⑩ 楽団の指揮をトル。
⑪ 塔のカネを鳴らす。
⑫ 剣をイル職人。
⑬ 大雨によるシンスイの被害を防ぐ。
⑭ クジュウをなめる。
⑮ クジュウの決断をする。
⑯ 他人にカンショウしない。
⑰ ヘイコウカンカクがにぶる。
⑱ 言論の自由をキョウジュする。
⑲ 故人のキセキをたどる。
⑳★ 担当医が病状をミル。
㉑★ 見事なチュウゾウの技術。
㉒★ 水に手をヒタス。

③酪農
④感慨
⑤紳士的
⑥福祉政策
⑦倫理
⑧図る
⑨諮る
⑩執る
⑪鐘
⑫鋳る
⑬浸水
⑭苦汁
⑮苦渋
⑯干渉
⑰平衡感覚
⑱享受
⑲軌跡
⑳診る
㉑鋳造
㉒浸す

㉓★ 温かいシルコを食べる。

㉓汁粉

漢字に親しもう3

① 給食のハイゼン係。
② ワカメなどのカイソウを食べる。
③ 栄養素を効果的にセッシュする。
④ みそをジョウゾウする。
⑤ トーストにハチミツをぬる。
⑥ 妹はメンルイが好きだ。
⑦ センチャをいれる。
⑧ 瓶にしょう油をジュウテンする。
⑨ カサクぞろいの展覧会。
⑩ オウトツの多い道。
⑪ ボキンに協力する。
⑫ カジョウなサービスを受ける。
⑬ 香りのよいセンザイを使う。
⑭ 山が夕日にハエル。
⑮ 自分の愚かさをカエリミル。
⑯ 多くの論文をアラワス。
⑰ 誰を委員にオスか悩む。
⑱ はさみで生地をタツ。

教 p.122

①配膳
②海藻
③摂取
④醸造
⑤蜂蜜
⑥麺類
⑦煎（煎）茶
⑧充塡（填）
⑨佳作
⑩凹凸
⑪募金
⑫過剰
⑬洗剤
⑭映える
⑮省みる
⑯著す
⑰推す
⑱裁つ

★は新出漢字の教科書本文外の読み方です。

☐⑲ 健康のために間食をタツ。
☐⑳★ 節分にイリマメを食べる。

モアイは語る――地球の未来

☐① キョダイな建造物ができる。
☐② 「陸のコトウ」と呼ばれる集落。
☐③ ボウダイな費用がかかる。
☐④ 宇宙のナゾを探る。
☐⑤ 野菜をサイバイする。
☐⑥ ギョウカイガンの地層。
☐⑦ タイテイの人は理解できる。
☐⑧ 荷物をウンパンする。
☐⑨ 海底のタイセキブツ。
☐⑩ ジョジョに成績が上がる。
☐⑪ タキギを集める。
☐⑫ 権利をホウキする。
☐⑬ 風のシンショクでできた地形。
☐⑭ 内部のコウソウが起きる。
☐⑮ 事故がヒンパツする。
☐⑯ 幕府がホウカイする。
☐⑰ 人手不足がコウジョウカする。

⑲断つ
⑳煎(煎)り豆

教 p.124~p.131

①巨大
②孤島
③膨大
④謎
⑤栽培
⑥凝灰岩
⑦大抵
⑧運搬
⑨堆積物
⑩徐々〈徐徐〉
⑪薪
⑫放棄
⑬侵食
⑭抗争
⑮頻発
⑯崩壊
⑰恒常化

☐⑱ キガから人々を救う。
☐⑲ シッコクの闇が広がる。
☐⑳ 天国とジゴク。
☐㉑★ 首筋がひどくコル。
☐㉒★ 急に積み木がクズレル。
☐㉓★ ウルシ塗《ぬ》りの箸。

思考のレッスン2　根拠の吟味

☐① 材料をギンミする。
☐② 文章の内容をハアクする。
☐③ 二人の意見がイッチする。
☐④★ 故郷に思いをイタス。

漢字に親しもう4

☐① カマクラジダイの建造物。
☐② コフンの発掘調査をする。
☐③ 主将がジントウ指揮を執る。
☐④ カイタクした町で暮らす。
☐⑤ シュリョウ民族と農耕民族。
☐⑥ 大戦がボッパツした年。
☐⑦ 犯人のコンセキをたどる。
☐⑧ オクビョウな性格を変える。

⑱飢餓
⑲漆黒
⑳地獄
㉑凝る
㉒崩れる
㉓漆

教 p.132~p.133

①吟味
②把握
③一致
④致す

教 p.138

①鎌倉時代
②古墳
③陣頭
④開拓
⑤狩猟
⑥勃発
⑦痕跡
⑧臆病

⑨ カイショで名前を記入する。
⑩ 郊外にテイタクを構える。
⑪ ガイコツのイラスト。
⑫ 条件にガイトウする。
⑬ 調査をイショクする。
⑭ 過去のジュバクに苦しむ。
⑮ シサに富んだアドバイス。
⑯ おセイボの品を選ぶ。
⑰ 華やかな舞台のためのイショウ。
⑱ 成功させるのは至難のワザだ。
⑲ 秘密をバクロされる。
⑳★ 自分に起こった不運をノロウ。

⑨楷書　⑩邸宅　⑪骸骨　⑫該当　⑬委嘱　⑭呪縛　⑮示唆　⑯歳暮　⑰衣装　⑱業　⑲暴露　⑳呪う

月夜の浜辺　教 p.144~p.145

① 人目をシノブ。
②★ ニンジュツの使い手。

①忍ぶ　②忍術

扇の的――「平家物語」から　教 p.151~p.157

① オウギであおぐ。
② ワズカな時間もむだにしない。
③ トツジョとして出現する。
④ 小さな木のフネ。

①扇　②僅（僅）か　③突如　④舟〈船〉

⑤ 数人の女《にょう》ボウが仕える。
⑥ 二十歳の息子がいる。
⑦ 二十になった記念の写真。
⑧ 馬のタヅナを握る。
⑨ 空にタダヨウ雲。
⑩ 促されてオモテを上げる。
⑪ 壇《だん》ノウラの戦い。
⑫ この本は一読にタエル。
⑬ おもしろいイツワを読む。
⑭ ハチジュウヨキの軍で勝利した。
⑮ 失敗をチョウショウされる。
⑯★ センジョウチの特殊な地形。
⑰★ ごみがヒョウチャクする。

⑤房　⑥はたち　⑦はたち　⑧手綱　⑨漂う　⑩面　⑪浦　⑫堪える　⑬逸話　⑭八十余騎　⑮嘲（嘲）笑　⑯扇状地　⑰漂着

仁《にん》和《な》寺《じ》にある法師――「徒然草《つれづれぐさ》」から　教 p.158~p.161

① 動きがスルドイ。
② 泳ぎで彼にマサル者はいない。
③★ エイリな刃物で切る。

①鋭い　②勝る　③鋭利

漢詩の風景　教 p.162~p.168

① アカツキの空を見る。
② 早めにネドコに入る。

①暁　②寝床

★は新出漢字の教科書本文外の読み方です。

- ☑③ ゾクジンを超えた境地。　③俗人
- ☑④ ヘイボンな考え方。　④平凡
- ☑⑤ 楽しそうなフンイキの学校。　⑤雰囲気
- ☑⑥ 話をシメククル。　⑥締めくくる
- ☑⑦ 庭にチリシク花びら。　⑦散り敷く
- ☑⑧ マタとない機会。　⑧又
- ☑⑨ 真っ赤な夕日がシズム。　⑨沈む
- ☑⑩ ロウが高くそびえ立つ。　⑩楼
- ☑⑪ 武士がロウニンの身となる。　⑪浪人
- ☑⑫ キュウレキのカレンダー。　⑫旧暦
- ☑⑬★ いつもより早くキショウした。　⑬起床
- ☑⑭★ 条約がテイケツされる。　⑭締結

君は「最後の晩餐《ばんさん》」を知っているか　教 p.170~p.183

- ☑① カイボウガクを教える。　①解剖学
- ☑② 彼はリクツっぽい人物だ。　②理屈
- ☑③ 最もショウゲキを受けた映画。　③衝撃
- ☑④ 舞台でシバイをする。　④芝居
- ☑⑤ 湖面にスイモンが広がる。　⑤水紋
- ☑⑥ 数人のデシを取る。　⑥弟子
- ☑⑦ 磔《たっ》ケイが行われた時代。　⑦刑

- ☑⑧ ヨウボウに似合わず気の弱い人。　⑧容貌
- ☑⑨ 奥に行くほどセマイ。　⑨狭い
- ☑⑩ 芸の道をキワメル。　⑩究める
- ☑⑪ 壁の絵がハゲオチル。　⑪剝(剥)げ落ちる
- ☑⑫ 美術でシキサイについて学ぶ。　⑫色彩
- ☑⑬ スデニ春である。　⑬既に
- ☑⑭ 顔のリンカクを描く。　⑭輪郭
- ☑⑮ 景色の美しさにカンタンする。　⑮感嘆
- ☑⑯★ 前の人との間をセバメル。　⑯狭める
- ☑⑰★ 野鳥のハクセイを飾る。　⑰剝(剥)製

漢字に親しもう5　教 p.186

- ☑① ドウクツの中は涼しい。　①洞窟
- ☑② さんごショウを守る。　②礁
- ☑③ シンジュの生産地。　③真珠
- ☑④ 望遠鏡でメイオウセイを見る。　④冥王星
- ☑⑤ チッソを含む肥料。　⑤窒素
- ☑⑥ 本州最北端のミサキ。　⑥岬
- ☑⑦ なだらかなキュウリョウ地。　⑦丘陵
- ☑⑧ 彼のツルの一声で決まった。　⑧鶴
- ☑⑨ あの二人が組めばオニに金棒だ。　⑨鬼

問題	答え
⑩ どんな助言もヤナギに風だ。	⑩柳
⑪ 部屋をシツジュンな状態に保つ。	⑪湿潤
⑫ 胃液がブンピツされる。	⑫分泌
⑬ ハンヨウ性の高い道具。	⑬汎用
⑭ 作物がよく育つヒヨクな土地。	⑭肥沃
⑮ 母親に抱かれたチノミゴ。	⑮乳飲み子
⑯ ××県●●郡オオアザ○○。	⑯大字
⑰ ユエあって、早退する。	⑰故
⑱ 江戸時代のオモカゲが残る町。	⑱面影
⑲★ キキ迫る演技に引き込まれる。	⑲鬼気
⑳★ 恵みの雨で大地がウルオウ。	⑳潤う

研究の現場にようこそ　教 p.188~p.190

問題	答え
① ゼツメツのおそれのある生き物。	①絶滅
② イルカはホニュウルイだ。	②哺乳類
③ ゴウカな部屋に泊まる。	③豪華
④ 危険をトモナウ作業。	④伴う
⑤ ギターにゲンを張る。	⑤弦
⑥ アクセンクトウの末、完成した。	⑥悪戦苦闘
⑦★ ピアノのバンソウで歌う。	⑦伴奏
⑧★ 病気に打ち勝つためタタカウ。	⑧闘う

走れメロス　教 p.196~p.213

問題	答え
① ジャチボウギャクの振る舞い。	①邪知暴虐
② 結婚式のハナムコ。	②花婿
③ ハナヨメの衣装を用意する。	③花嫁
④ 結婚式のあとシュクエンを開く。	④祝宴
⑤ ケンシンは二君に仕えず。	⑤賢臣
⑥ ヒトジチが解放される。	⑥人質
⑦ ケイリにつかまる。	⑦警吏
⑧ ミケンにしわを寄せる。	⑧眉間
⑨ タミのための政治。	⑨民
⑩ 信頼にムクイル。	⑩報いる
⑪ イノチゴイをする罪人。	⑪命乞い
⑫ 民宿のテイシュ。	⑫亭主
⑬ イッスイもせずに夜が明けた。	⑬一睡
⑭ 目的地にトウチャクする。	⑭到着
⑮ サイダンに花を供える。	⑮祭壇
⑯ 煮物の味をトトノエル。	⑯調える
⑰ 相手のショウダクを得る。	⑰承諾
⑱ シンロウシンプが入場する。	⑱新郎新婦
⑲ ムシアツイ日が続く。	⑲蒸し暑い

★は新出漢字の教科書本文外の読み方です。

- ☐⑳ 幸せなショウガイを送る。
- ☐㉑ 喜びにヨウ。
- ☐㉒ コブシを突き上げる。
- ☐㉓ 幸運が降ってワク。
- ☐㉔ 河川《かせん》のハンランを防ぐ堤《つつみ》。
- ☐㉕ アレクルウ海。
- ☐㉖ マコトの愛を語る。
- ☐㉗ サンゾクが登場する童話。
- ☐㉘ 目を離したスキにいなくなる。
- ☐㉙ 途方に暮れて天をアオグ。
- ☐㉚ やる気がナエル。
- ☐㉛ イモムシが葉を食べる。
- ☐㉜ ロボウの草花。
- ☐㉝ シンクの薔薇《ばら》をもらう。
- ☐㉞ 人をアザムクのはよくない。
- ☐㉟ ヒレツな行いを非難する。
- ☐㊱ ミニクイ言い争いが始まる。
- ☐㊲ 長いシシをもつシマウマ。
- ☐㊳ バケツをケトバス。
- ☐㊴ 不審なフウテイの人。

⑳生涯
㉑酔う
㉒拳
㉓湧く
㉔氾濫
㉕荒れ狂う
㉖誠
㉗山賊
㉘隙
㉙仰ぐ
㉚萎える
㉛芋虫
㉜路傍
㉝真紅〈深紅〉
㉞欺く
㉟卑劣
㊱醜い
㊲四肢
㊳蹴飛ばす
㊴風体

- ☐㊵ ゼンラタイの彫刻。
- ☐㊶ 冷たい態度をウラム。
- ☐㊷ 喜びのホウヨウをかわす。
- ☐㊸ バンザイをして迎える。
- ☐㊹★ 寒さで手足がイシュクする。
- ☐㊺★ シュウアクな争いになる。
- ☐㊻★ 悪いうわさをイッシュウする。
- ☐㊼★ 葉が落ちて木がハダカになる。
- ☐㊽★ 試合でツウコンのミスをする。

㊵全裸体
㊶恨む
㊷抱擁
㊸万歳
㊹萎縮〈委縮〉
㊺醜悪
㊻一蹴
㊼裸
㊽痛恨

漢字に親しもう6

教 p.214

- ☐① メンエキリョクをつける。
- ☐② ホチョウキを買う。
- ☐③ 健康的にヤセル。
- ☐④ ジュンカンキ専門の医師。
- ☐⑤ 傷がチユする。
- ☐⑥ ニョウケンサの結果が出る。
- ☐⑦ ヒフカで診てもらう。
- ☐⑧ 実行するのはジキショウソウだ。
- ☐⑨ 法案のハクシテッカイを求める。
- ☐⑩ ユウモウカカンな武将。

①免疫力
②補聴器
③痩せる
④循環器
⑤治癒
⑥尿検査
⑦皮膚科
⑧時期尚早
⑨白紙撤回
⑩勇猛果敢

- ☑⑪ シンボウエンリョをめぐらす。　⑪深謀遠慮
- ☑⑫ フキュウの名画。　⑫不朽
- ☑⑬ 徒歩での通学をショウレイする。　⑬奨励
- ☑⑭ 病気のショウレイが報告される。　⑭症例
- ☑⑮ カセンの水質を調査する。　⑮河川
- ☑⑯ 祖母はハタオリの名人だ。　⑯機織り
- ☑⑰ リョカクキに搭乗する。　⑰旅客機
- ☑⑱ ショウニカで診察を受ける。　⑱小児科
- ☑⑲★ 傷がだいぶイエル。　⑲癒える

言葉3　話し言葉と書き言葉　教 p.220~p.221

- ☑① アイマイに答える。　①曖昧
- ☑② 出版社のコウエツ部で働く。　②校閲

漢字3　送り仮名　教 p.222~p.223

- ☑① ヒジを伸ばす。　①肘
- ☑② ツツミの上を歩く。　②堤
- ☑③ 成婚のコトブキを述べる。　③寿
- ☑④ 名馬のホマレが高い。　④誉れ
- ☑⑤ 菊花カオル頃。　⑤薫る
- ☑⑥ 動物を巧みにアヤツル。　⑥操る
- ☑⑦ 敵をコラシメル。　⑦懲らしめる
- ☑⑧ ツツシンデお祝い申し上げます。　⑧謹んで
- ☑⑨ ネバリヅヨイ性格。　⑨粘り強い
- ☑⑩ 根性をキタエナオス。　⑩鍛え直す
- ☑⑪ 仕事をナマケル。　⑪怠ける
- ☑⑫ どこかでニブイ音がした。　⑫鈍い
- ☑⑬ ワラベウタを教えてもらう。　⑬童歌
- ☑⑭ 彼女はホガラカな人柄だ。　⑭朗らか
- ☑⑮ スコヤカな成長を願う。　⑮健やか
- ☑⑯ ウレイを帯びた顔。　⑯憂い
- ☑⑰ 栄養のカタヨリが原因の病気。　⑰偏り
- ☑⑱★ 功績のエイヨをたたえる。　⑱栄誉
- ☑⑲★ チョウバツを受ける。　⑲懲罰
- ☑⑳★ タイマンな生活を反省する。　⑳怠慢
- ☑㉑★ 姉はドンカンなところがある。　㉑鈍感

木　教 p.228~p.230

- ☑① 突然、イナズマが走る。　①稲妻

形　教 p.274~p.276

- ☑① 日本は古代「大和」と呼ばれた。　①やまと

敦盛《あつもり》の最期《さいご》──「平家物語」から　教 p.284~p.288

- ☑① 太刀を腰に差した武士。　①たち

枕草子《まくらのそうし》

教 p.28〜p.31

❂歴史的仮名遣い　現代仮名遣いを確認しよう。

- ☑ ① やうやう　…ようよう
- ☑ ② 飛びちがひたる　…とびちがいたる
- ☑ ③ をかし　…おかし
- ☑ ④ あはれなり　…あわれなり
- ☑ ⑤ おほへる　…おおえる

❂古語の意味　意味を確認しよう。

- ☑ ⑥ さらなり　…言うまでもない
- ☑ ⑦ をかし　…趣がある
- ☑ ⑧ いと　…とても
- ☑ ⑨ つとめて　…早朝
- ☑ ⑩ つきづきし　…似つかわしい
- ☑ ⑪ わろし　…好ましくない
- ☑ ⑫ うつくし　…かわいらしい

❂作品　作品について確認しよう。

- ☑ ⑬ 作者　…清少納言《せいしょうなごん》
- ☑ ⑭ 成立　…平安時代

扇の的 ──「平家物語」から

教 p.151〜p.157

❂歴史的仮名遣い　現代仮名遣いを確認しよう。

- ☑ ① をりふし　…おりふし
- ☑ ② 揺りすゑ　…ゆりすえ
- ☑ ③ いづれも　…いずれも
- ☑ ④ いふぢやう　…いうじょう
- ☑ ⑤ みな紅《くれなゐ》　…みなぐれない
- ☑ ⑥ 嘲哢《てうろう》　…ちょうろう

❂古語の意味　意味を確認しよう。

- ☑ ⑦ 酉《とり》の刻　…午後六時頃
- ☑ ⑧ いふぢやう　…（〜とは）いいながら
- ☑ ⑨ 情けなし　…心ないことだ
- ☑ ⑩ 口惜《くちを》しければ　…悔しいので

❂対句　対になる語句を確認しよう。

- ☑ ⑪ かぶらは海へ入りければ、扇は空へぞ上がりける。
- ☑ ⑫ 沖には平家、ふなばたをたたいて感じたり、陸《くが》には源氏、えびらをたたいてどよめきけり。

あと ひと押し! 擬声語・擬態語の仮名遣いにも注意。ひやうど（ひょうど），ひいふつと（ひいふっと），さつと（さっと），ひやうふつと（ひょうふっと）

仁和寺《にんなじ》にある法師――「徒然草《つれづれぐさ》」から

教 p.158～p.161

❀**歴史的仮名遣い**　現代仮名遣いを確認しよう。

☑① 向かひて　…むかいて

☑② あやしう　…あやしゅう

☑③ 尊《たふと》く　…とうとく

❀**古語の意味**　意味を確認しよう。

☑④ つれづれなるままに　…することがなく退屈《たいくつ》であるのに任せて

☑⑤ 心うく覚えて　…残念なことに思われて

☑⑥ かたへの人　…仲間

☑⑦ 年ごろ　…長年の間

☑⑧ ゆかしかりしかど　…知りたかったけれど

☑⑨ 先達《せんだち》　…その道の先導者

❀**係り結び**　助詞と文末の結びつきを確認しよう。

☑⑩ 神へ参るこそ本意《ほい》なれと思ひて、

☑⑪ 「……山までは見ず。」とぞ言ひける。

❀**作品**　作品について確認しよう。

☑⑫ 作者　…兼好法師《けんこうほうし》

☑⑬ 成立　…鎌倉時代の末

漢詩の風景

教 p.162～p.168

❀**語句の意味**　意味を確認しよう。

☑① 暁を覚えず　…夜が明けたのも気づかない

☑② 花は然《も》えんと欲《ほっ》す　…花は今にも燃えだしそうだ（真っ赤に咲いている）

☑③ 故人　…古くからの親友

☑④ 家書　…家族からの手紙

❀**漢文の読み方**　返り点と書き下し文を確認しよう。

☑⑤ 春眠不《ず》レ覚エレ暁ヲ

書き下し文 春眠暁を覚えず

☑⑥ 山青クシテ花ハ欲スレ然エント

書き下し文 山は青くして花は然えんと欲す

☑⑦ 煙花三月下ル二揚《やう》州《しう》一ニ

書き下し文 煙花三月揚州に下る

❀**作品**　作品名について確認しよう。

☑⑧ 春暁《しゅんぎょう》　作者…孟浩然《もうこうねん》　形式…五言《ごごん》絶句

☑⑨ 絶句　作者…杜甫《とほ》　形式…五言絶句

☑⑩ 黄鶴楼《こうかくろう》にて孟浩然の広陵《こうりょう》に之《ゆ》くを送る　作者…李白《りはく》　形式…七言《しちごん》絶句

☑⑪ 春望　作者…杜甫　形式…五言律詩

あと ひと押し!

係り結び…係りの助詞の「や・か・ぞ・なむ」によって，文末が「ける」などになる。係りの助詞の「こそ」によって，文末が「けれ」などになる。

文法への扉1　単語をどう分ける?

教 p.59／p.234～p.237

✻活用する自立語　動詞・形容詞・形容動詞を確認しよう。

☑ ① 動詞…「どうする・どうなる・ある」（動作・変化・存在）を表し、言い切りが「ウ」段の音。例読む

☑ ② 形容詞…「どんなだ」（状態・性質）を表し、言い切りが「い」。例明るい・新しい

☑ ③ 形容動詞…「どんなだ」（状態・性質）を表し、言い切りが「だ・です」。例元気だ・確かです

●動詞の種類

☑ ④ 他動詞…動作の対象を必要とする。例（～を）起こす

☑ ⑤ 自動詞…動作の対象を必要としない。例起きる

●補助動詞・補助形容詞

☑ ⑥ 補助動詞…補助の関係の文節のうち、下に付き、上の語に意味を補う動詞。例飛んでいる

☑ ⑦ 補助形容詞…補助の関係の文節のうち、下に付き、上の語に意味を補う形容詞。例貸してほしい

✻活用しない自立語　名詞を確認しよう。

☑ ⑧ 名詞…「が・は・も」などをともなって、主語になれる。（＝体言）例魚・三冊

●名詞の種類

☑ ⑨ 普通名詞…例春・中学生・家・正義

☑ ⑩ 代名詞…例私・それ・ここ

☑ ⑪ 固有名詞…例夏目漱石《なつめそうせき》・ロンドン・昭和

☑ ⑫ 数詞…例一つ・二回・三番目

☑ ⑬ 形式名詞…例苦しいときこそがんばる。

✻活用しない自立語　副詞・連体詞・接続詞・感動詞を確認しよう。

☑ ⑭ 副詞…主に連用修飾語となり、様子・状態・程度を表す。

●副詞の種類

☑ ⑮ 状態の副詞…「どのように」という状態を表す。例ゆっくり走る。小川がさらさら流れる。

☑ ⑯ 程度の副詞…「どのくらい」という程度を表す。例今日は、とても暑い。もっと静かにしなさい。

☑ ⑰ 呼応の副詞…下に決まった言い方がくる。例たとえ会えなくても……。決して迷わない。

☑ ⑱ 連体詞…連体修飾語にしかならない。例大きな国

☑ ⑲ 接続詞…接続語になり、前後の文や語をつなぐ。
例風邪をひいた。だから、薬を飲んだ。（順接）
例風邪をひいた。しかし、薬を飲まなかった。（逆接）

☑ ⑳ 感動詞…独立語になる。例まあ、きれい。（感動）

あと ひと押し!　「これ」「それ」は名詞（代名詞），「この」「その」は連体詞。また，「小さな」「大きな」は連体詞，「小さい」「大きい」は形容詞。

文法への扉2　走る。走らない。走ろうよ。

教 p.187／p.238～p.243

❁動詞の活用　活用形と活用の種類を確認しよう。

活用の種類	基本形	語幹	未然形	連用形	終止形	連体形	仮定形	命令形
五段活用	話す	はな	ーさ・ーそ	ーし	ーす	ーす	ーせ	ーせ
上一段活用	起きる	お	ーき	ーき	ーきる	ーきる	ーきれ	ーきろ
下一段活用	受ける	う	ーけ	ーけ	ーける	ーける	ーけれ	ーけろ
カ行変格活用	来る	○	こ	き	くる	くる	くれ	こい
サ行変格活用	する	○	し・せ・さ	し	する	する	すれ	しろ
主な続き方			ーない ーう／ーよう	ーます ーた ーて	ー。	ーとき ーので	ーば	ー。

●活用形

☐ ① 未然形…聞か-ない／聞こ-う

☐ ② 連用形…聞き-ます／聞い-た／聞い-て

☐ ③ 終止形…聞く。

☐ ④ 連体形…聞く-とき／聞く-ので

☐ ⑤ 仮定形…聞け-ば

☐ ⑥ 命令形…聞け。

●活用の種類（「ない」を付けて見分ける。）

☐ ⑦ 五段活用　…「ア」段＋ない　例話す→話さない

☐ ⑧ 上一段活用　…「イ」段＋ない　例起きる→起きない

☐ ⑨ 下一段活用　…「エ」段＋ない　例受ける→受けない

☐ ⑩ カ行変格活用…「来る」のみ

☐ ⑪ サ行変格活用…「する」「○○する」のみ

❁形容詞の活用　活用形を確認しよう。（命令形はない。）

基本形	語幹	未然形	連用形	終止形	連体形	仮定形	命令形
広い	ひろ	ーかろ	ーかっ ーく	ーい	ーい	ーけれ	○
主な続き方		ーう	ーた ーない ーなる	ー。	ーとき ーので	ーば	ー。

●活用形

☐ ⑫ 未然形…暑かろ-う

☐ ⑬ 連用形…暑かっ-た／暑く-ない

☐ ⑭ 終止形…暑い。

☐ ⑮ 連体形…暑い-とき／暑い-ので

☐ ⑯ 仮定形…暑けれ-ば

❁形容動詞の活用　活用形を確認しよう。（命令形はない。）

基本形	語幹	未然形	連用形	終止形	連体形	仮定形	命令形
豊かだ	ゆたか	ーだろ	ーだっ ーで・ーに	ーだ	ーな	ーなら	○
豊かです	ゆたか	ーでしょ	ーでし	ーです	（ーです）	○	○
主な続き方		ーう	ーた ーない ーなる	ー。	ーとき ーので	ーば	ー。

●活用形

☐ ⑰ 未然形…静かだろ-う

☐ ⑱ 連用形…静かだっ-た／静かで-ない／静かに-なる

☐ ⑲ 終止形…静かだ。

☐ ⑳ 連体形…静かな-とき／静かな-ので

☐ ㉑ 仮定形…静かなら-ば

あと ひと押し!　「ない」が続くとき，動詞は未然形だが，形容詞と形容動詞は連用形になる。

文法への扉3　一字違いで大違い

教 p.215／p.244～p.250

※助動詞　助動詞の働きを確認しよう。

☐ ① れる・られる	受け身 可能 尊敬 自発	例 先生に注意される。 例 これは食べられる。 例 先生が来られる。 例 昔が思い出される。
☐ ② せる・させる	使役	例 妹に手伝わせる。
☐ ③ たい・たがる	希望	例 旅行に行きたい。
☐ ④ ない・ぬ(ん)	否定(打ち消し)	例 雨が降らない。
☐ ⑤ う・よう	推量 意志 勧誘	例 外はさぞ暑かろう。 例 私も勉強しよう。 例 さあ、外で遊ぼう。
☐ ⑥ た	過去 完了 存続 想起	例 昨日、映画を見た。 例 宿題が終わった。 例 机の上に置いた辞書。 例 約束は来週だったね。
☐ ⑦ ます	丁寧	例 私は賛成します。
☐ ⑧ らしい	推定	例 開会式が遅れるらしい。
☐ ⑨ ようだ・ようです	推定 比喩	例 明日は晴れるようだ。 例 まるで夢のようだ。
☐ ⑩ そうだ・そうです	推定・様態	例 雨が降りそうだ。
	伝聞	例 山田君は欠席だそうだ。
☐ ⑪ まい	否定の意志 否定の推量	例 決して行くまい。 例 明日は晴れるまい。
☐ ⑫ だ・です	断定	例 私は中学生だ。

※助詞　助詞の働きを確認しよう。

●格助詞…主に体言に付き、下の語句との関係を示す。

☐ ⑬ が	主語を作る	例 妹が出かける。
☐ ⑭ から	連用修飾語を作る	例 駅から歩く。(起点)
☐ ⑮ の	連体修飾語を作る	例 僕の本。
☐ ⑯ と	並立の関係を作る	例 犬と猫。

●副助詞…いろいろな語句に付き、意味を付け加える。

☐ ⑰ は	取り立てる	例 肉類は食べない。
☐ ⑱ も	他に同類がある	例 スポーツも得意だ。
☐ ⑲ こそ	強調	例 彼こそ社長にふさわしい。
☐ ⑳ まで	極端な例	例 子供にまで、手伝ってもらった。

●接続助詞…主に活用する語句に付き、前後をつなぐ。

☐ ㉑ から	理由	例 雨が降ったから、延期する。
☐ ㉒ ば	条件	例 明日行けば、開いている。
☐ ㉓ が	逆接	例 走ったが、間に合わなかった。
☐ ㉔ ながら	同時	例 音楽を聴きながら料理する。

●終助詞…文や文節の終わりに付き、気持ちや態度を表す。

☐ ㉕ か	疑問	例 どこへ行くのだろうか。
☐ ㉖ な	禁止	例 遅刻するな。
☐ ㉗ なあ	感動	例 きれいな海だなあ。

あとひと押し！

・雨が降りそうだ＝連用形＋「そうだ」→推定・様態の助動詞「そうだ」
・雨が降るそうだ＝終止形＋「そうだ」→伝聞の助動詞「そうだ」